来新夏 主编

天津建卫六百周年

天津的人口变迁

陈卫民 编著

天津古籍出版社

图书在版编目（CIP）数据

天津的人口变迁 / 陈卫民编著. —天津：天津古籍出版社，2004.8（2012.7.重印）
（天津建卫600周年/来新夏主编）
ISBN 978-7-80696-033-2

Ⅰ.天… Ⅱ.陈… Ⅲ.人口—研究—天津市 Ⅳ.C924.24

中国版本图书馆CIP数据核字（2004）第073873号

天津建卫600周年

天津的人口变迁

主编/来新夏

编著/陈卫民

出版人/刘文君

*

天津古籍出版社出版

（天津市西康路35号 邮编300051）

http://www.tjabc.net

唐山天意印刷有限责任公司印刷

全国新华书店发行

开本850×1168 毫米 1/32 印张5.75 字数93千字
2004年8月第1版 2012年7月第2次印刷

ISBN 978-7-80696-033-2

定 价：14.50元

总　序

来新夏

  2004年12月23日是天津设卫筑城600年的纪念日，这对居住在这座城市和曾经客居在这方土地上的人们具有极大的探求魅力，即使曾到此一游或旅途所经的人们，也都很想知道这座城市究竟是怎样一座城市。它的形成、沿革、特色、物产、习俗、光荣和屈辱……种种城市的内涵恐怕许多人都是语焉不详，也许久已淡出人们的记忆了。

  天津设卫建城600年，决不是说天津只有600年的发展史。天津的成陆发展总在四五千年以上，自秦汉至宋元，历代在天津地区挖渠开河，运粮建寨，设官定制，发展鱼盐业生产等活动，遂使天津得以逐步开发。最早记载天津市区聚落起源的是《金史·完颜佐传》，其中所说，金宣宗贞佑二年（1214年）为维护漕粮转输，曾提升武清巡检完颜佐为都统，守卫"直沽寨"。这个"直沽寨"（简称直沽），据今人考证，当在今红桥区西青道一带，或略偏南。当时漕粮在直沽转输的达百万担以上。由于金、元两朝，建都北京，天津地位日显重要。元初虽因河道淤塞，南粮改作海运，但仍由天津转运入京。据《元史·食货志》所载，每年由津转京的粮食，多达三百余万担，出现了"转粟春秋入，行舟日夜过"的繁荣景象。与漕运并肩发展的是盐业生产，金、元两代，已设置盐务管理机构及人员，在今塘沽、汉沽地区开辟多处盐场，成为重要财源之一，所以天津更为朝廷所重视。元武宗时（1309年）又把直沽提升为都指挥司级别的地位，仁宗时（1316年）进而改直沽为海津镇，并在大直沽设接运厅和粮仓以接运和储存漕粮。漕运的船工为了祈求航运安全，先后在大直沽（元初建，后废）和东门外（元泰定三年建，明清时重修、扩建，今存）建立天后宫，供奉海神。金、元两代对天津的经营，使天津由聚落逐步走向都市的条件，渐臻成熟；但是天津作为一个具有完整意义的都市却是在明清时期完成的，而作为这一转折的重要标识则是明永乐二年至四年（1404~1406年）间的设卫筑城。

明太祖朱元璋于1368年建立明朝后，为了酬庸和巩固王朝权力，遂封诸子为王，分守各地，其第四子朱棣被封为燕王，驻守北平。1398年，明太祖死，因太子早逝，由太孙允炆继位，是为惠帝。允炆庸懦，而燕王则经几十年的戎马生涯和苦心经营，在诸王中实力最强。也许出于更好地延续发展和强化明政权的需要，燕王决定发兵与侄争位。他率兵由直沽"济渡沧州"（嘉靖二十九年《重修三官庙碑记》，天津历史博物馆藏碑）南攻。征战数年，终于在1402年，攻入南京，即帝位，是为成祖，年号永乐。明成祖在成功喜悦之余，为了纪念始发兵的"龙兴之地"，把直沽这个曾是"天子渡河之地"（李东阳：《修造卫城旧记》见《天津卫志》卷四）赐名为天津（天是天子之义，津是渡口之义）。关于天津的得名，有星座说、津河说、关口说和赐名说等各种不同说法，但赐名说既有上引比较翔实充分的文献根据，又为津民口碑所熟知，所以当以天子渡河而得名之说为近实。

明成祖虽即帝位于南京，但他不能遗忘自己的实力据点北平，必然要把政治中心北迁，把北平作为他的北京，以维护和巩固他的新政权（袁世凯就任大总统后，不肯赴南京就职，不惜制造兵变，坚持建都北京，与此何其似也）。但在迁都北京之前，他必须先把作为京师屏障和门户的天津建设好，于是在永乐二年十一月二十一日（1404年12月23日）下令在天津设天津卫、天津左卫、天津右卫，统称三卫，天津的第一部志书就以《三卫志》为名（今佚）。并在这一军事性的据点驻兵16000余人，以拱卫将建立的京师和维持当地的安全。并命工部尚书黄福、平江伯陈瑄、都指挥佥事凌云、指挥同知黄冈"筑城浚池"。

天津城的初型是以土版筑，城基距地表约四米，逐层用黄土夯实，土层间铺撒碎砖瓦和瓷片，类似后来所谓的"干打垒"，所以称为"筑城"。这座土城周长九里余，城高三丈五尺，宽二丈五尺，城的形状是东西长，南北短，很像一把算盘，所以津民有称之为算盘城的。经过一年多的时间，土城建成，于是作为天津卫所在的实体矗立起来，至今犹啧啧于津民之口的"天津卫"这一惯称，也自此出现。时隔五年，明成祖将一切部署就绪，便于永乐七年（1409年）正式北迁，建都北京。天津也从此承担起明清两代捍卫京师的职责。

但是，土城筑成将近百年时，就日渐倾圮残损，而不得不修建加固，于是在明孝宗弘治六年（1493年），由时任天津兵备道的刘福主持，用砖包砌加固，城池同修，各门增建瓮城和城楼，历时两年竣工。四门分别题写了镇东、定南、安西、拱北匾额，显示其拱卫京师，安定地方的武备作用。城周较土城略有拓展，但基本未动。其城圈就是现今东、南、西、北四条马路的内边，也就是过去白牌电车围城转的线路。明朝政府很重视这次重修，特由当时重臣、文学家李东阳亲为之撰写《修造卫城旧记》，记其始末，为天津城建的历史留下了重要文献。

设卫筑城后的天津，各方面都有较快发展，特别是粮、盐两个经济支柱更为显著，明永乐初由于北运河淤塞，由南方海运至津的粮食，难以及时运京，仓储业大为发展。曾有露囤千所，甚至在北仓还建立了百万仓。不久迁都北京，"百司庶府，卫士编氓，一仰漕于东南"（傅维麟：《明书·海漕志》），天津转输漕粮任务日增，至明宣德十年（1435年），明政府特在津设户部分司，作为管理漕运的专门机构。当时大运河上粮船万艘，转输漕粮五百万担。繁荣景象，可以想见。

鱼和盐是天津的两项重要财源。明在建国之初，即设"河间长芦都转运盐运司"，管辖以天津为中心的产盐区。天津不仅是产盐区，还是营销中心，长芦盐之名由此而起。由于采用日光晒盐法而产量大增，据一种计算，明末长芦盐运销量已达239,800余引（每引650斤）。天津的渔产也很丰富，《天津县志》特著其事说："津邑，滨海区也。鱼利与盐同，捕鱼不下三十种。"天津流传下来的许多风土诗也都盛赞天津渔产的丰美。鱼盐之利推动了天津经济的发展。

漕粮的转输，无论海运，还是河运，都带动了运输业和商业的发展。粮船为了调剂漕丁和水手的收入，允许在漕粮外，随带一定数量的各地货物以懋迁有无。这些货物大部分在天津卸载、发卖和转输，因而在三岔口不远的东门和北门外就形成了若干商业区。随之货栈、钱庄、会馆等行业和组织，都应运而生。集市贸易也随之而兴，十集一市的轮转，遂有"天天赶大集"之说。一些服务行业如饭庄、酒楼、戏院，更是迭兴不已。

天津从设卫筑城以来，经过有明一代的经营，到明清之际，它终以有拱卫京师门户，河海转运枢纽，商业繁荣兴盛，富鱼盐之利，招八方来客的优越条件，而成为人所瞩目的要埠，远远超出单纯军事要冲——"卫"的地位。所以康熙《天津卫志》特以浓彩重墨概括其盛况说："天津去神京二百余里，当南北往来之冲，南运数万之漕，悉道经于此。舟楫之所咸临，商贾之所萃集，五方之民所杂处……名虽曰卫，实在一大都会所莫能过也"。清初史学家谈迁赴京过津所看到的天津，已是"镇城百货交集，鱼虾蟹蚰并贱"（《北游录·纪程》）。顺治十二年（1655年），荷兰使节哥页赴京，路过天津时，曾把天津与广州、镇江并视为中国三大港口。天津的"人烟稠密，交易频荣"，使这位使节惊讶，并命其随从人员将三岔口和海河两岸的景象，绘图带走。天津已是一个比较成熟而开放的城市了。

天津自设卫筑城以来，历经600年风雨沧桑，有多少可歌可泣，可喜可悲的事迹和人物，等待述说弘扬，并留存于图画文字，以教化当代，垂示后世。迎接设卫筑城600年，不仅要欢庆这个城市的光荣节日，更希望在迎候它的日子里，有更多故老贤达写出信而有征的往事风情，为我们的天津留下更多的文献积存！

我籍隶浙江，出生杭郡，而侨居天津七十余年，直等第二故乡。食于斯，长于斯，学于斯，老于斯。乡恩深重，值此庆典，何得无报？乃于2003年春，邀约津沽名流学者，相与咨谋，众议佥同，共定编撰《天津建卫600周年》丛书，以为文献积存之祝。共立八题，目次是：

一、天津的城市发展

二、天津的人口变迁

三、天津的方言俚语

四、天津的园林古迹

五、天津的邮驿与邮政

六、天津的九国租界

七、天津的名门世家

八、天津早年的衣食住行

题目既定，撰者分册撰写，每册十余万字，各有随文插图，期以一年。2004年春，各稿相继完成，逐册循读，大都相契，而各有所见，亦未强求划一。全套丛书共八册，近百万字。天津古籍出版社社长刘文君女士，欣承出版之任，情义可感。责编韩嘉祥先生，学识优长，不辞辛劳，奔走于撰者之间，商榷修订，终底于成，如期问世，功不可没。撰者诸君殚精竭虑，共成斯举，为津门增拓文献积存，颇著勋绩。我则追随诸君子之后，稍事擘划，与有荣焉。设有不足，则我当独任其责，幸读者垂察！

二〇〇四年六月写于南开大学邃谷

目　录

人口繁衍说沧桑 …………………………………（ 1 ）

一　早期的天津人口 ………………………………（ 1 ）

　　1．盐业和漕运 …………………………………（ 3 ）

　　2．市区人口聚落的形成 ………………………（ 6 ）

二　卫所时期的天津人口 …………………………（ 11 ）

　　1．天津卫与天津城 ……………………………（ 12 ）

　　2．军队人口 ……………………………………（ 18 ）

　　3．居民 …………………………………………（ 23 ）

　　4．清初人口 ……………………………………（ 28 ）

三　府县制前期的天津人口 ………………………（ 35 ）

　　1．城市发展 ……………………………………（ 36 ）

　　2．人口数量增长 ………………………………（ 41 ）

3．人口的职业结构…………………………（47）

四　天津开埠与人口发展 ……………………………（51）
　　1．城市地位提升与人口增长…………………（52）
　　2．二十世纪初期的人口………………………（57）
　　3．民国时期的人口……………………………（62）

五　天津建市后的人口增长 …………………………（67）
　　1．国民政府时期人口增长停滞 ………………（68）
　　2．抗日战争时期城市人口激增 ………………（72）
　　3．抗战胜利至解放前的人口波动 ……………（77）

六　人口增长的来源 …………………………………（81）
　　1．人口的自然繁衍……………………………（82）
　　2．移民…………………………………………（92）
　　3．城区的扩展…………………………………(100)

七　人口结构的变化 …………………………………(107)
　　1．年龄性别结构………………………………(108)
　　2．职业结构……………………………………(113)
　　3．受教育状况…………………………………(121)

八　租界地人口与外侨人口 …………………………(127)
　　1．外国租界……………………………………(128)

2．租界中的人口 …………………………（136）
　　3．外侨人口 ………………………………（145）
九　新中国成立后的天津人口发展 ………………（149）
　　1．1949—1979年的城市人口 ……………（150）
　　2．八十年代后城市人口的增长 …………（158）
　　3．人口素质的全面提高…………………（164）

人口繁衍说沧桑

自明初永乐二年（1404年）设卫至今，天津城市的发展已经历了600年的历史。600年来，天津从一个最初主要起军事功能的卫城发展为一个现代化的大都市，成为我国北方地区重要的经济、文化中心城市和交通枢纽。在此过程中，天津城的面积从最初的不过"城周九里"扩大到今天仅中心市区建成区就有244平方公里，人口更是从最初的数万人增加到今天的400万以上（指中心市区建成区人口）。虽然单从时间的长短来看，天津城还称不上历史悠久，但它在发展中的急速变化，特别是进入近代社会后所经历的重大历史事件，使这座城市具有了浓重的历史感。老城厢区的名门大院见证了明清两代三岔河口的繁华，"五大道"上的小洋楼记载了天津开埠和中国处在半封建半殖民地社会时期的特殊经历。人口发展史是城市发展史的缩影,城市性质的变化和其所经历的历史事件,无不在城市人口的发展中留下深刻的烙印。从天津建城以来人口的变迁中,我们可以了解到天津这座历史名城所走过的不平凡的发展历程。

人口数量受行政区划的影响很大,这是人口史研究中必须面对的特殊问题。由于行政区划的调整,不同历史时期天津人口包括的范围存在较大的出入。今天的天津市界域与历史上的天津城市范围已不可同日而语。是按照天津现在的界域来研究历史上在这个界域内的人口的变迁,还是根据天津城市实际的成长过程来研究其人口的演变?这是两种完全不同的研究思路。本书选择了后一种思路。我们的目的是要了解在天津城市发展过程中人口变迁的历史。另外,按行政区划统计的天津人口,往往其中包含有农村人口部分。由于本书关心的是基于城市发展的人口变迁,农村人口不在我们重点说明的问题之中。不同时期天津的城市人口只限于当时城市区域内实际的人口,不包括虽在行政区划内但不属于城区的人口。因此,本书所反映的天津人口的变迁,严格地说应该是天津城市人口的变迁。

天津建城600年来,就城市的社会性质而言,经历了三个大的历史时期,1860年被迫开埠和1949年解放是这三个时期之间的分界线。1860年以前,天津完成了从军事城镇向传统的商业城市的转变。这个过程持续时间很长,占了天津城市历史的四分之三的时间,人口增长缓慢,直到开埠前城市人口才不过20万左右。1860年开埠后,天津沦为半封建半殖民地社会。在这个时期,由于对外贸易的发展,特别是近代工业的兴起,天津迅速成长为我国北方最大的近代工商业城市。在城市经济发展的带动下,人口迅猛增长,1925年突破100万,到天津解放前,最高峰时超过了190万,几乎是开埠初人口的10倍。1949年天津解放后,社会制度发生了根本性变化,经济和各项社会事业取得巨大成就,人民的生活水平迅速提高。五十年代天津城市人口激增,到六十年代初,中心市区人口就超过了300万。这是天津历史上城市人口增长最快的时期。此后,虽然城市人口增长速度趋缓,但总量仍是持续增加的。与解放前天津城市人口的增长主要靠人口迁入不同,解放后的增长主要是人口自然增长,即出生人口多于死亡人口累积的结果。伴随人口数量增长,人口素质和人口结构也都发生了显著的积极变化。

本书对天津人口变迁的描述,将突出以上三个时期的划分,以阐明城市社会性质变化对人口变迁的影响。另外对前两个时期还根据行政建制的变化做了进一步划分,这样,天津建城600年来的历史就分成了五个时期,即:卫所时期(1404年—1724年)、府县时期前期(1725年—1859年)、开埠后的府县时期(1860年—1927年)、天津建市至解放前(1928年—1948年)、天津解放至今(1949年后)。这样划分兼顾了城市的社会性质和行政设置,便于说明人口变迁的过程及在不同阶段的特点。

  人口史研究中遇到的最大困难是资料的欠缺。由于近代意义的人口调查和生命统计在我国是二十世纪以后才开始的,此前的人口资料很少,只有一些零星的有关总户数和总人口的数据,因此本书对二十世纪以前天津城市人口变迁的分析,更多地是一种趋势性、推论性的描述。1928年天津设市后,虽然各方面的人口统计资料渐渐增多,但很多资料的质量存在问题,统计中的误报、漏报现象严重,许多问题仍不得不借助于间接估计来分析。只有建国以后,随着人口调查和统计制度逐步完善,人口变动分析才有了更科学的依据。由于资料的关系,本书不同章节关于天津城市人口变迁的分析,难免会让读者产生年代越久远,描述越粗略的感觉,这是作者有心但无力克服的遗憾。

一　早期的天津人口

天津这个名称及其所代表的城市的存在都是从明代开始的,但在此之前,天津城所在地区早已有人口聚居活动。据历史研究,大约在距今四千年前,由于海面下降,天津旧城所在区域已经成陆。当时的海岸线大致在考古发现的第一道贝壳堤附近,即沿今张贵庄、巨葛庄、南八里台、沙井子直到河北省黄骅县一带。以后,由于黄河几次改道流经天津入海,其巨大的泥沙不断造出新的陆地,天津东部的沿海平原逐步向东延伸,并留下了第二道和第三道贝壳堤。黄河第一次北迁到天津地区大约在距今三千四百年的夏商之交。黄河及其主要支流分别在今张贵庄、沙井子和河北省黄骅县伏漪城一带造成了三个河口冲击扇,形成了第一道贝壳堤与第二道贝壳堤(在今东郊区白沙岭至南郊区泥沽一线）之间的大片陆地和湖泊。到周定王五年（公元前602年），黄河南迁，天津东部的海岸线逐渐稳定下来。考古资料发现，在天津蓟县北部的燕山南麓地区，早在商周时期就有了一定规模的人口聚落。现在的市区部分，特别是东部地区，出现人口聚落的时间相对晚一些，但至迟到战国时期，现在的天津城区附近也应有了不少的居民点。迄今为止，考古学家已在天津市郊发现战国到西汉初年的村落遗址四十多处，其中包括多处战国时期的墓群。

在不同的历史时期，天津地区分属不同的行政建制。历代王朝设置了一系列管理机构，在该地区实行统治。但严格地说，治所在现今天津市区范围内的军事或行政机构是直到金代以后才出现的。《金史》中记载的"直沽寨"可能是市区中最早出现的官方建制。天津地区的开发长期与盐业和漕运的发展有密不可分的关系，后者的繁荣兴衰直接制约着天津的经济发展和人口聚集，因此，关于天津早期的人口变迁也必须从盐业和漕运的发展谈起。

1. 盐业和漕运

天津濒临渤海，原为盐碱荒地，有着丰富的盐业资源。早在西汉时期，天津的盐业发展就有了相当的基础。汉武帝时实行盐铁官营政策，在全国设置了三十五处盐官，其中就有两处在现天津地区境内。制盐业的发展带动了天津人口的增加。不幸的是，西汉末年，天灾人祸不断，特别是渤海湾发生了一次历史上罕见的大海啸，包括天津地区在内的渤海西岸村落民居遭到严重破坏，一些县治也被迫内迁，盐业生产蒙受沉重打击。

到南北朝时期，天津地区的盐业生产逐步恢复发展起来，很多人从事着"傍海煮盐"的活动。到了五代，后唐于同光三年（925年）在今天津宁河县内设置了芦台盐场。这个盐场在当时一度曾拥有灶丁（煮盐的人）三百九十三人，灶地五百四十四顷，熬盐大锅四十六面，规模可见一斑。后唐政府还在今宝坻县境内设置了管理盐产销的榷盐院。煮盐在很长时间里是古代天津地区人口所从事的一项主要劳动。

另一项主要的经济活动是漕运。天津地处九河下梢，具有

便利的水运条件。为了调运物资(主要是粮食),早在一千多年前,封建统治者就开始在天津地区修建运河。东汉末年,曹操为了军事上的需要,先后开凿了平虏渠(相当于现在的南运河从青县到静海独流之间的一段)、泉州渠(北端在今宝坻县境内汇于鲍丘水,即现在的蓟运河,南端在今市区交于潞河,即现在的海河)和新河(从泉州渠的北端向东直至濡水,即今滦河),形成贯穿天津地区的河流干线。隋朝统一中国后,也大量修凿运河。隋大业四年(608年)开凿的经过天津地区的永济渠,南接沁水,北达涿郡(今北京市西南),成为天津地区南北交通水路的大动脉。它与通济渠、江南河等运河一起,沟通了海河、黄河、淮河、长江、钱塘江五大河流,形成了长达四五千里的京杭大运河。运河漕运对促进我国南北地区的经济文化交流,促进运河沿岸地区的经济发展具有重要的经济意义,对天津地区的人口聚集自然也会产生积极的影响。

到了唐代,南北漕运有了进一步的发展。为了满足向幽州(今北京)、渔阳(今天津蓟县)等重要军事基地的边防驻军供应粮食的需要,唐朝除了继续沿用运河漕运外,还大力发展海运。驻守幽州的节度使被授予"河北海运使"的官职,兼管海运。唐代杜佑编纂的《通典》中记载了"三会海口"的地方,方位在渔阳郡东南一百八十里处,具体地点目前存在争议。有人认为就在今天津市内的三岔河口附近,所谓三会海口,指的就是永济渠、滹沱河、潞河汇合入海的地方。但也有人认为应在今天津东郊的军粮城,因为军粮城在隋唐时距离海岸线较近,有河流在此入海,军粮城地名本身正说明这里当年是囤积军粮的地方。在现在的军粮城镇西一公里处,有一片高出周围平地约一米的土台,略呈方形,边长一里,据说就是唐代军粮城的遗址。

为了把海运到军粮城的大批漕粮更方便地转运到渔阳,唐神龙二年(706年)沧州刺史姜师度主持开凿了一条连接今海河和蓟运河的渠道,也取名叫平虏渠。通过这个渠道,南来的漕船就可以源源北上,直抵渔阳了。军粮城作为海运和河运的中继地,成为唐代重要的港口。水利事业的发达和漕运的繁荣促进了天津地区人口的增长。但是到唐代中期以后,由于发生"安史之乱",北方地区陷入藩镇割据和外族侵扰的战乱之中,天津地区的漕运逐渐衰落,直至停止。

北宋时期,天津地区成为宋、辽交界之地。宋与辽隔雁门关、界河对峙,海河是界河中的一段(当时的海河就称界河)。为了防止辽的南侵,宋朝在天津地区设立了许多军事据点,称为"砦"(即"寨"),如泥沽、双港、小南河、沙窝、独流、钓台等。这些"砦"以后逐步发展成天津的重要村镇,有些地名还沿用至今。北宋庆历八年（1048年），黄河再次改道经天津入海。这次黄河北迁造成了军粮城至塘沽间的大片陆地，使海口东移到距今三岔河口七十里的泥沽一带。金明昌五年（1194年），黄河南迁，海岸线重新稳定，并逐渐生成了第三道贝壳堤。北宋曾经在泥沽海口设立海作务，制造船只。但由于当时宋辽军事对峙，泥沽海口常常处于封锁状态，海运已远不如唐代时三会海口发达了。

总的来说，随着盐业和漕运的早期开发，天津地区的居民逐渐增多起来。特别是隋唐时期，由于京杭大运河的开通和海运的发展，天津的人口估计已有相当的规模，并且在今天市区内的三岔河口附近可能已经形成了一定的人口聚落。但唐代中后期的战乱和北宋时期的军事对峙，加上黄河第二次北迁入津，破坏了河运和海运，使在今市区范围内的人口聚落难以存在下去，人口的聚居活动主要分散在今天津市的一些郊县地区。

2．市区人口聚落的形成

金灭北宋以后，于天德五年（1153年）把都城迁到燕京

（今北京市），改称中都。为了保证都城的粮食供应，金政府征调大量民工，重新疏浚运河河道，恢复漕运，以便从河南、河北、山东等地向都城运粮。政府任命运河两岸的地方官吏兼管漕运。当时漕运主要由民间的船户承担，称为"纲户"。今天的天津宝坻县内还有叫做"纲户庄"的村名。三岔河口是联系南、北运河和海口的枢纽，由于漕运的复兴，这一带出现了人口聚落。三岔河口西南因地势较高，成了漕运的理想码头。《金史》中把这个地方称为"直沽"，这是史书上对天津最早的称谓。由于直沽在漕运及军事上的重要性，金朝便在直沽设寨置戍，史称"直沽寨"。金贞祐二年（1214年），武清县巡检梁佐被任命为都统，柳口镇（今西郊区杨柳青）巡检李咬住为副都统，领兵戍守直沽寨。这是今天津市区范围内由政府设官置守的最早记录。金代的漕运发展到相当高的水平，据《金史》记载，金世宗大定二十一年（1181年）经直沽运往中都的漕粮达到了一百七十万石以上。漕运繁忙季节，从靖海县（今天津静海县）到直沽三岔河口一段的运河上，从各地驶来的漕船首尾相接，熙熙攘攘。根据考古发现的成果，金代的直沽寨已初显城市的面貌，当然当时的城居人口还是以军人为主。

元朝统一中国后，也定都北京（元称大都），天津仍然是

漕粮运送入京的必经之路。元初，由于运河淤塞不畅，漕运需要采取河道和陆路接运的办法，费时费力。后来政府对大运河进行了整治，并开凿了济州河、会通河（均在今山东省境内）和通惠河（今北京市郊），使漕船可以由杭州直抵大都，但由于部分河段水浅，运量受到限制，于是试用海运，由江南平江路刘家港（今江苏省太仓县东北）出发，抵直沽后卸存，然后再改装河船运入京城。至元十九年（1282年）海运试航成功。此后，海运渐趋发达，到至元二十四年（1287年）已完全取代了河运。元代漕运的规模比金代扩大了许多，年运漕粮可达三百多万石。

当时的直沽是接转海运漕粮的主要枢纽。随着漕运的繁荣，直沽的地域范围也有所扩大，《元史》中出现了大直沽和小直沽之分。为了加强对漕运的管理，元朝在大直沽（今天津市河东区大直沽一带）设立了"接运厅"，在河西务（今天津市武清县河西务）设立了"都漕运使司"，还设置了"直沽海运仓"，用于存放漕粮。元朝的漕运是官运，有一只专门运粮的巨大船队。为了加强控制，元武宗至大二年（1309年）在直沽设立了"镇守海口屯储亲军都指挥司"，派两千名康里军（由西域少数民族组成的军队）防守，另派五千名汉军在直沽口（今塘沽海口）屯田驻防。每年春秋，当大批运粮船达到直沽时，元政府便派官员和军队，前去监督和保护。

古代的海运是艰险的，沉船翻船事故时有发生。为了祈求海上航行的平安，人们对海神十分敬畏和尊崇。天津大直沽和三岔河口附近都修建了天妃宫（后称天后宫，俗称娘娘宫），每逢出海或抵达，人们都在此举行隆重的祭祀活动。这里渐渐也就成为一个活动中心，周围的商业也渐渐发展起来。人们把随漕船从各地带来的生活用品，拿来在此交易。元诗中有"一日粮船到直沽，吴罂越布满街衢"的诗句，正是当时直沽商业繁华的写照。

金元两代漕运的发达使三岔河口一带的人口聚落范围越来越大，人数也越来越多。虽然我们无法从史籍中获知当时生活在现在的天津市区内的确切人口数，但从驻军数量和漕运的规模推算，应该有数千人之众，甚至可能已达万人。

金元两代，天津地区的盐业也有一定的发展。金世宗大定十三年（1173年），设立了"宝坻盐使司"和"沧州盐使司"，分别管理海河以北至山海关和海河以南至山东边界的盐务。元代太宗二年（1230年）设立了"大都、河间课税所"，管理盐的产销。据《三叉沽创立盐场碑》记载，太宗六年（1234年）秋天，三岔河口一带"未霜而草枯，滩面宽平，盐卤涌出，或经日自生，时人指以为瑞，遂相率诉于官，按验得实，受旨煎造"。最初有十八户人家得到官府的批准,开始设灶煮盐。这是今天津城区范围内制盐业的开始。到元世祖至元二十五年(1288年),政府在三岔河口设立盐使司。这里的煮盐生产很快发展起来。盐业生产规模的扩大也促进了生产技术的进步。由于天津沿海地区地势和气候条件都非常适合晒盐,到元代晒盐生产方式逐渐推广开来,官府在渤海西岸建立了二十二处盐场。制盐业的发展也提高了天津在全国的地位。

由于盐业生产和漕运的发达,以及与之相伴随的商贸活动的发展,直沽在元代已经是一个相当繁华的地方,招来了许多南来北往的商旅,据考证,天津最古老的商业街——估衣街在元代就已经形成了。鉴于直沽的重要战略地位,元仁宗延佑三年(1316年)元政府改直沽为海津镇,命副都指挥使伯颜领兵驻守。天津成为元朝的军事重镇之一。元朝末年,朝廷曾派枢密院知院(相当于宰相)亲自领兵驻守海津镇。

元代的直沽和海津镇的人口主要以军人为主,居民数量有限。据《天津政俗沿革记》记载:"天津自元立海津镇,其初宅此者仅七姓。"这七姓很可能是最先定居于直沽的七个较大的家族。天津市社科院历史研究所罗澍伟教授分析,最初的七大姓可能是李、高、谢、夏、温、梁、崔。

二 卫所时期的天津人口

"卫"是明朝的军事编制单位，一般设在军事上重要的地方，次要的地方则设"所"，合称"卫所"。天津城市的发展是从设卫开始的，最初是军事重镇，担负拱卫京师的职能。以后随着漕运和盐业的发展，商业经济逐渐兴旺。天津卫是天津城市发展的起点，它存在的时间很长，清代顺治、康熙时期仍然延续，在改为州府以前共存在了320年，占了天津城市历史一半以上的时间。天津人对天津卫的称呼是情有独钟，今天许多上了年纪的天津人仍乐于自称为天津卫人。可见这段时期对天津城市后来的发展影响是多么深远。

1. 天津卫与天津城

明朝建文元年(1399年),驻守北平(今北京)的燕王朱棣为争夺帝位,率军从直沽渡河南下,并于建文四年(1402年)攻入南京,登上了帝位,称明成祖。直沽因是"天子渡河之地"而被赐名"天津"。天津这个地名从此开始使用。天津作为北京的门户,又是漕运和商船来往的重要海口,且这一带土地广阔,适宜屯田,因而明政府决定在此设卫,派兵屯守。明永乐二年至四年(1404年—1406年)明政府先后设立了天津卫、天津左卫和天津右卫。永乐四年开始在三岔河口西南修筑天津卫城(即后来的天津城),于次年竣工。城高三丈五尺,周长九里多,东西长,南北短,形如算盘,因此又称"算盘城"。城有四门,分别命名为"镇东"、"定南"、"安西"、"拱北"。天津三卫的衙门都设在城里。

天津卫和天津城的发展与繁荣是与漕运分不开的。天津卫的驻军除了一般戍卫和屯田责任外,还担负着漕运粮食、守护河道和粮仓等重任。明朝初年,由于黄河决口,山东省境内的会通河淤塞,河运困难,漕粮须靠海运。海运到天津的漕粮又由于白河（今北运河）淤浅，不能及时转运北京。于是明政府就在天津就地建造粮仓，储存漕粮。永乐三年（1405年），设立露囤一千四百所。次年，在修筑天津卫城的同时，明政府又在城北尹儿湾（今北仓）修建更大的仓库，号称"百万仓"，并派兵把守。据记载，天津城建成后，天津三卫都在城内设有仓廒，如天津卫的大运仓、天津左卫的大盈仓和天津右卫的广备仓等。由于海运风险大，永乐九年至十三年（1411年—1415年），明政府对大运河进行了疏通，改用河运漕粮。天津仍是转运中心。永乐十七年（1419年），明朝迁都北平，改称北京。此后，由于京城的需求巨大，天津的漕运也更繁忙了。

漕运不仅保障了对京城的粮食供给，也给政府创造了巨大的税收。为防止天津漕运税款的流失，宣德十年（1435年）明政府在天津设立了户部分司，专门职掌漕运的税收事务。户部为明代中央机构六部之一，设户部尚书，掌管全国土地、户籍、赋税、财政收支等要务。在天津添设户部分司，显示了天津卫城的重要地位。天津漕运的规模到成化二十三年（1487年）后，逐渐达到顶峰，每年经天津运往北京的漕粮在四五百万石。直到清代天津的漕运规模也大致保持在这个水平。

漕运造就了天津卫商业的繁荣。漕运给天津带来了源源不断的货物和南来北往的客商，使天津不仅成为粮食转运和贸易的中心,更成为南北各地其他土特产品的集散地。明代的漕运实行军事化管理,军队中有一部分军人专门从事漕运粮食的工作,这些人被称为"运军"。运军实行世袭制。由于漕运的工作危险性大,为了安抚运军,鼓励漕运,明政府规定运军可以在漕船上免费携带一定数量的土货来往贩卖,并且对这些货物给予"免税"待遇。运军把南方的特产带到天津,等漕船返回南方的时候,又可以把在天津采购到的北方的特产带回南方,倒卖赚钱。最初政府规定每只漕船限带土货十石,万历年间增至六十石。由于有限额控制,那些在南北方地区之间差价大的名贵商品就成了运军们首选携带的"免税商品"。不过运军随漕船携带的商品往往会超过允许的范围,有时受高额利润的驱使,甚至会不惜冒违禁走私受罚的危险。这样漕运使天津成为各地土特产品集中贸易的地方。当时天津周边地区的居民经常到天津来采购商品,称之为"下卫"。每次漕船到达的时候,都会有很多周围地区来"下卫"的人聚集到天津,形成天津卫一道特别的风景。随着运军携带商品数量的扩大,天津出现了一些专门为运军提供货源和负责销售的商人,他们一方面接收并销售运军随漕船带来的南方货物,另一方面收购北方土特产供运军带到南方销售,一时间,经营米、面、油、花草、木器、器皿、海产品、珍贵木料、各种果品、丝绸、布匹、棉花、豆类的商人都出现在了天津卫。天津成了各方客商汇集的地区。

大量商品聚集天津，使得天津的集市十分活跃。据史料记载，天津建卫以后，城内集市设有五处，宝泉集在鼓楼，逢五开集；仁厚集在东门里，逢三开集；货泉集在南门里，逢六开集；富有集在西门里，逢九开集；大道集在北门里，逢八开集。到了弘治六年（1493年），又在城外添设五集一市，包括通济集（东门外）、丰乐集（北门外）、恒足集（北门外西）、永丰集（张官屯）、宫前集（天后宫前）、安西市。各集每旬一次，十个集轮过来正好是一天一个，于是有了"天津卫天天赶大集"的说法。有些集市后来发展成了天津的商业中心。

天津设卫建城也促进了天津盐业的进一步发展。明代天津属长芦盐区。长芦盐因品质好，被明政府作为贡盐。天津的盐场受自然条件的恩惠，所产的盐更是明代贡盐中的上品，被誉为"芦台玉砂"。明代在天津城北设有皇盐仓，专门储存贡盐。明代中叶以后天津盐业生产的规模不断扩大。史籍记载，嘉靖年间，"万灶沿河而居"，从事制盐业的人口之多由此可见一斑。由于交通便利，天津还是长芦盐运销集散的中心。盐是关系国计民生的重要资源，盐税收入是明王朝财政收入的主要来源，所以，明朝对盐的生产和销售都控制得十分严格。不仅规定芦盐不能卖到南方，淮盐也不能来北方，还制定了贩卖盐的许可制度。商人如果想要合法贩盐，必须先向政府取得"盐引"。商人凭盐引到盐场支盐，再到指定销盐区卖盐，未经许可的贩盐，或跨越指定区域的贩盐，都被视为非法，是一种严重的罪行。成化七年（1471年）时，北方直隶、陕西一些府县发生饥荒，明政府便召集天津商人运粮到这些地方。商人每向这些地区运粮四斗，明政府便会给一引盐，此谓"开中法"。但靠运粮取得贩盐的资格和限额，毕竟过于麻烦。贩盐的高额利润于是就刺激了许多人通过贿赂取得盐引，甚至干脆铤而走险，走私贩盐。贩盐是明朝最严重的走私活动，虽然政府一直采取打击行动，但由于官场腐败，屡禁不止。万历三十九年（1611年），长芦巡盐御使毕懋康在天津东门外建成临时盐关，这是天津最早的查禁私盐的机构。万历四十五年（1617年），明朝对盐的购销实现新的办法，号称"纲法"，规定盐商可以通过购买盐引，取得收购、运输和销售食盐的许可权，并允许世袭。此法造就了一批有实力的大盐商，他们大多成为天津历史上的名门世家。

随着漕运和盐业的发展，天津日益成为北方的商业中心，"南北舟车，并集天津"，"粮艘商舶，鱼贯而进，迨无虚日"。天津以其优越的区位，很快形成了"通舟楫之利，聚天下之粟，致天下之货，以利京甩"的优势地位。到明代中期，以天津城东门外的天后宫为中心，逐渐形成了宫南、宫北等早期的商业区。由于天津影响力的扩大，明政府把许多重要的"衙门"设在了天津，使天津城进而超出了一般卫城的功能。永乐年间，明政府把长芦都转盐运使司的青州（今山东益都）分司、直沽批检所和盐运都司移驻天津，加强了天津对北平、沧州、青州等地盐务的管辖和控制。弘治三年（1490年），在天津卫城设天津兵备道，简称天津道，其职能权限比卫指挥使高。兵备道除典掌"操练军马，修浚城池"以外，还有"禁革奸弊，问理词讼，兼管运河事宜"之权。兵备道不仅统辖三卫军事，而且兼管司法和财政诸方面事宜，是天津设巡抚之前的一个重要机构。

明朝后期，明政府接受朝鲜国王的请求，在万历二十年（1592年）和万历二十五年（1597年）两次派兵赴朝抗击日本的侵略。天津是明政府筹饷调兵的基地。军队和粮饷首先在天津集中，然后再从海路和陆路运往朝鲜。期间，政府还在天津组织军火生产，供应前线，并在天津设置了"海防巡抚"，以防备日本的侵略。十七世纪后，后金崛起，逐渐向辽东地区扩张势力，与明朝之间经常发生战争。于是天津又成了明政府向辽东筹饷调兵的基地。万历四十八年（1620年），明朝在天津设总兵官，加强这一地区的防务。次年设天津巡抚，到明王朝覆亡前的二十多年间，先后有万世德、汪应蛟、李邦华、毕自严等十三人出任天津巡抚，他们都是朝廷命官，并且皆以都察院右佥都御史的身份巡抚天津。可见明朝后期的天津，在全国的地位是越来越重要了。当时，明政府在天津开局打造兵器，招募水陆军达两万人。

总之，明朝的天津在设卫建城后，由于官军调守，漕盐兴盛，人口迅速聚集起来。到明代中叶以后，天津已成为我国北方地区重要的货物集散和贸易中心，城市的功能逐渐从最初的军事防卫转向经济和商业的活动。正如《天津卫志》所说，"天津去神京二百余里，当南北往来之冲，南运数万之漕悉道经于此，舟楫之所式临，商贾之所萃集，五方之民所杂处……名虽曰卫，实在一大都会所莫能过也"。但明代后期，由于抗倭和防御后金，天津的军事防务功能又有所增强。

2. 军队人口

天津卫的军事建置的性质决定了军队人口在明代天津人口中占有重要地位。虽然从史料分析，在明朝的大部分时间里，军队人口的绝对数量是呈减少趋势的，但始终占天津城市人口的大多数。军队及其附属人口是明代天津城市人口的主体。

关于明初天津三卫军队人口的数量，目前已难以在史籍中找到明确的记载。所幸的是，官籍名册保存了下来。那时的天津三卫共有军官309人，其中指挥使44人，千户92人，百户161人，镇抚12人。按明代军制，一个卫的官兵人数在5600人左右，照此推算，天津三卫应在16800人左右。当然这里我们是假定天津三卫的驻军是满编制的，但有关研究也发现，明代卫制下军队缺编是常有的，许多卫根本达不到5600人。天津三卫真实的情况如何，现在已很难考察。有的学者根据嘉靖十九年（1540年）天津三卫军队人数的史料记载来推算明初天津三卫的官兵人数，在假定两个时期官兵比例不变的情况下，推算结果是12329人①。但我们也怀疑官兵比例不变假设的可靠性，因为从导致军队人口减少的主要原因，即逃亡、病故、退役等方面看，士兵的减少更有可能发生，因此官兵的比例极有可能是增大的，即出现所谓官多兵少的现象。在没有确切资料的情况下，我们宁可相信，在初设天津三卫时，军队是满编制的。

"按明代的军政制度，正式军役由特定的军户担任，每一军户出正军一名。每一正军携带户下余丁一名，在营生理，佐助正军，供给军装"。"从明代文献中一般看来，有妻小随营居住的军士占多数……余丁多半也有家小，正军和余丁家小同属一家……所以军士在卫的家庭有时很大，大到有五六丁或一二十丁"。这就是说，明朝卫所的军士是世袭服兵役的，许多军士带着家眷同住在卫所，而且家庭的规模还可能很大。如果我们保守地估计，每一名正军带余丁一人，正军和余丁中有一半带有一名家眷的话，天津三卫16800名军人就可能有余丁和家属33600人，合计超过五万人。当然，这五万人口并非都集中在天津城区。按规定，卫的军队，在内地时20%守城，80%屯田；在边区30%守城，70%屯田。按此推算，天津卫城一带的守军及其附属人口应有一万多人，其余则分散在沧州、南皮、盐山、庆云、兴济等处屯守。

天津设卫以后的一百多年里，由于周边地区少有战事，天津三卫的防务渐渐松弛下来，军队人口减少。嘉靖十九年（1540年）天津三卫的官兵合计为10695人，较设卫之初减少了三分之一左右，其中军官268人。另有各类随军余丁15089人。到万历末年，天津三卫军队人数进一步减少，根据史料分析，官兵合计已在万人以下。天津三卫军队人数的这种变化从一个侧面反映了明代后期卫所制度渐趋荒废的事实。因此，万历以后，随着抗倭形势的紧迫，明政府不得不重整天津地区的防务。万历十九年（1591年）调海防营驻防天津。该营分左右两营，共有5992人。万历二十五年（1597年）又特设天津海防水陆营，初有两营，共5000人，万历三十四年减至一营。明朝末年，为了防御后金南侵，保卫京师，明政府一方面从河南、山东、江苏等地增调了5000人左右的军队到天津驻守，另一方面紧急在天津招募新兵，组建新的军队，共招募兵员八千多人。这一系列措施使天津军队人口大增。估计把从外地调入的军队、新招募组建的军队与原天津三卫已有的军人合计在一起，明末时天津军队总人数应在两万人以上。

明代天津城市人口的主体最初由军队人口构成的事实也表明了天津是一个移民城市。"天津户籍最早者，大率由永乐迁来"。永乐初年调守到天津的官兵，是大规模来天津的首批移民。这些人来自国内不同的地区。根据保存下来的天津三卫官籍名册分析，天津设卫时调守来的驻军，来源地非常广泛。309名军官的原籍，可确定的就有15个省份，即使是同一省份的，也分属不同的县。其中原籍安徽省的最多，有84人，来自省内25个县；其次是江苏省，有56人。再往下依次是：山东37人，河北34人，河南23人，浙江17人，湖北14人，湖南12人；10人以下的省还有陕西、山西、福建、广东、贵州、江西、云南等。按明代的军制，卫指挥使以下的职位可由子弟世袭，军士则由子继替，这样调守到天津来的官、军二籍人口不仅自己取得天津卫籍，其后裔也都为天津卫籍。他们中有些家族在天津世代繁衍发展，成为天津的大户世家。比如永乐二年任天津右卫指挥使的梅满儿传承的梅家，永乐二年调天津左卫执掌卫事的倪兴传承的倪家，永乐十五年升任天津左卫指挥使的赵兴传承的赵家等。在今天津市区老城厢里，有一个老天津卫们耳熟能详的"大费家胡同"，据说在天津设卫建城时就有了它，可谓与天津城同龄。其最初的主人名叫费胜，原籍是浙江嘉兴，随军调到天津卫，任千户。后来费胜的儿子费敬之袭千户，后升为天津卫指挥巡佥；费敬之的儿子费荣袭指挥佥事，后又升作天津卫指挥使（授昭勇将军）。费荣之子费俊及其后代都承袭了卫指挥使、昭勇将军的职位与名号。费家世代簪缨，门第荣华。今天，熟悉天津历史的人对大费家胡同仍然还是津津乐道。

明朝后期加强天津防务、扩充驻军，也形成了一场规模较大的人口迁移。当时调入天津的士兵有河南兵2304人，山东兵1833人，扬州兵316人，江南兵471人。这些军士在天津驻扎时间一长，渐渐就把家眷也搬了过来。在天津直接招募的新兵，也并非原来都是天津卫籍，新组建的标兵营2174人，正兵营2173人中，很多原籍是河间人。镇海营2851人更全部来自南方省份。他们随军加入天津卫籍后,家眷也随之成了天津人。军队的调守和扩充是天津城市人口增加的最主要来源。

驻守天津卫的军队中,相当一部分人从事的是与漕运有关的工作。据史料记载,嘉靖初年,天津三卫共有用于漕运的浅船②37只,专司漕运的官军367人,天津三卫各有一名千户负责漕运。漕运用的船是由各卫自行建造的。随着漕运规模的扩大,对船只的需求增加,天津卫的造船业也不断发展。万历四十八年(1620年)天津造船二百只,由此判断,从事造船的军士也不在少数。另外,为了保证漕运通畅,需要有专门的军士负责修理河道,看护河堤,指引船只。嘉靖年间,天津三卫辖区内的运河沿线设置了浅铺46处,每处都有军士守护,共计有620人,这些人被称为"铺丁"。

3．居　　民

由于史料记载的缺乏,关于明代天津卫非军队居民的情况,人们所知甚少,人口数量难以估计。但可以肯定的是,明初设卫建城,特别是随后漕运和盐业的发达、商业的繁荣,自然也会吸引许多非军队人口来此居住。明初,政府实行招抚政策,一改元代时由于政治原因黄河流域人口南迁的局面,出现了人口返迁的现象。天津卫是一个可供定居的比较理想的地方。这里土地广阔,河网众多,种地、捕鱼皆宜。大量军队调守此地,更为经商提供了难得机会。因此设卫建城后,不仅有从邻近地区迁入者,也有原住长江流域以及沿海地区的人迁来。《天津卫志》提到,"天津近东海,故荒石芦荻处,永乐初始辟而居之,杂以闽广吴楚齐梁之民,风俗不甚统一"。

近年来通过对今天津市区一些地名的研究,人们陆续发现了许多天津卫时期的移民聚落。这些地名有的是取早期移民的姓氏,如南开区的王顶堤。该地名至今仍在使用,据该村界碑记载,永乐年间,有外来移民王某在小堤子上定居,以拾柴为生,死后埋于堤上,故名王顶堤。后又有李、徐、房、陈、张等姓氏陆续在此落户,开荒种地形成村落,但仍以王顶堤做村名。这类将姓氏入名的地名还有很多,如河东区的郑庄子、张达庄、贾沽道、汪庄子、郭庄子,河北区的小于庄、东于庄,河西区的纪庄子、杨庄子、小刘庄,南开区的凌庄子、赵金庄,红桥区的陆家胡同、杨家大院、杨庄子等;有些地名反映的是早期聚落的地理位置、地势和环境的特点,如河北区的堤头,这里靠近北运河东岸,明永乐年间有不少移民来此定居,渐成村落。因在堤头附近而取名"堤头村"。类似的例子还有红桥区的西沽、河西区的西楼村等。南开区西营门外的霍家台，在明初也有随燕王北上的移民在此定居，因这里地面较高，习称为"台"，又因定居者中霍姓最多，所以把姓氏与地理特点结合在一起取名霍家台，并沿用至今；还有些地名反映的是居民劳作的活动，如河西区的吴家窑，明永乐时，有吴、邢、李、韩、赵五家结拜来此落户，垒窑烧制砖瓦，人称五家窑，因吴家排行老大，也称吴家窑。河北区有个席厂村，地处北运河下游东岸。明代时，此地因储藏大量苇席供转运漕粮北上的船只停泊加苫，以防风雨，故得名席厂。永乐年间来这里定居的移民、船工等就称此地为席厂村；也有一些地名，因后来演变已经渐渐失去了与早先移民聚落的联系，如河北区的北洋胡同，1982年前称杨家胡同，因永乐年间杨国珍十七世祖由山西迁来此地落户而得名。再如南开区的西湖村，也因明初徐、胡两姓人家先后来此圈地定居演变成村落而得名"徐胡圈"，1954年改成今名。

类似以上与早期移民有关的地名还有很多。这些早期移民中相当部分的人是在永乐年间迁来的，少数甚至是在设卫建城之前。这说明明代天津设卫建城不仅有官、军调来，也吸引了很多非军队人口迁来。这些非军队移民大多是自愿的，但这不排除其中可能有明政府招抚和组织的作用。据考证，在洪武、永乐年间，明政府多次从江淮、山西等地向京畿地区组织移民。天津境内的北运河沿岸在永乐以后出现较多的村落，与此不无关系。在现今天津市区内，很多地方都发现了目前比较有把握确定的明代时形成的人口聚落，这说明那时天津卫已经得到一定开发的区域是相当广泛的。早期移民聚落规模不一，小到几户，大到十几户。从事的劳动主要是种地和打渔，也有一些人是船工、灶户或手工业者。

随着漕运和制盐业的发展，天津卫从事运输、造船及相关服务业的人口增多。虽然天津三卫都有专门从事漕运和造船的军士，但巨大的漕运量和造船量，单靠军士显然是完不成的，必有大量的一般百姓参与了此类工作。史料记载，万历初年，政府"备示沿海地方，不拘军民人等，如有情愿将自己或收买杂粮，用自己船只装载，自胶州海口起，至天津粜卖者，许赴该道禀告，给与执照，赴天津粜卖"。可见民间船户参与了运粮。据不完全统计，当时天津参与海运的海船以五十只为一帮，约有十二帮。史料中还提到，万历年间在天津一次就可以雇募民船260多艘，由此可见船户的数量之多。船运业的发达与造船业的兴盛是相辅相成的。大量的民间船只的存在，自然意味着也有大量从事造船工作的匠人。另外，作为粮食、食盐等货物的运转中心，搬运装卸的工作量也非常巨大，天津靠在码头搬运装卸为生的人也应不在少数。

明代天津商业的繁荣自然离不开商人的功劳。在迁入天津的移民中，商人是一个比较大的群体，尤以盐商和粮商居多。明代初期，长芦都转运盐使司在大直沽设批验所，于是大量盐商就在海河东岸置地筑坨存盐，以备查验待运。随着天津作为长芦盐转运中心地位的巩固，许多大盐商相继迁入天津。大盐商在天津势力很大。万历年间的大盐商钱似玉，通过贿赂取得了"委察私盐"的特权，可见其影响。而伴随漕运的发展，天津成为粮食贸易中心，又吸引了粮商大量迁入。天启五年（1625年），政府在天津招买商豆十万多石，参与的本籍及外埠商人多达124名。当时的商人多居住在天津城的东北二关，这里距离河近，交通便利。各地来津的商贾逐渐自发组成了自己的帮派，一方面互相照顾，另一方面互通有无，照应生意。

此外由于驻扎大量官兵和来往商客众多，天津卫城内外还存在一大批供应和销售日用生活品的小商贩和经营其他服务性行业的小业主。相当数量的富裕商人和享受俸禄的三卫将官的存在也促进了天津商业中心区娱乐服务业的发展。

关于明代后期天津城的人口规模，许多学者根据不同的资料做过推测。曹树基教授在他的《中国人口史：明时期》中估计当时天津城市常住人口至少有10万人，依据是同为运河城市的通州和太仓在全盛时的人口都达到了 10 万。另外，天津设十集一市，天天有大集的事实说明商业已相当繁荣，这必须有一定规模的人口基础。万历二十六年（1598 年），天津商人张子和为反对税监增加店租，掀起抗税斗争，联合了数千市民，这些都是天津城市规模大的旁证。

4．清初人口

明崇祯十七年（亦即清顺治元年，1644 年），清军攻占天津城，天津开始受清政府的统治。清政府在天津继续实行卫所制度。顺治九年（1652 年），裁天津左卫、右卫归并天津卫。此后，直至雍正三年（1725 年）没有大的变化。

明朝末年，天津地区灾害连连。先是万历三十二年（1604 年）两个月连降大雨，洪水冲决校场口岸，淹城墙二十四级，相当于三分之一的城墙浸泡在水中。在洪水围困下，人民淹死饿死无数。天启二年（1622 年），又是异常霪雨，农田颗粒无收，许多地区被水淹没，人口被迫逃亡，十室九空。然后是"崇祯十三年（1640 年）旱甚，斗米值二金。人相食，野骨如莽。明年旱如故，死徙流亡殆尽。十五年（1642 年）民间异疾作，病者十八九。病且染人，虽亲戚皆不敢问视"。崇祯十七年（1644年）天津爆发肺鼠疫，据《天津卫志》记载，"崇祯十七年，人染异病，十丧八九，亲友不敢相吊，俗传为探头病"。当时在天津督理军务的骆养性记载更详细："上天降灾，瘟疫流行，自八月至今（九月十五日），传染至盛。有一二日亡者，有朝染夕亡者，日每不下数百人，甚有全家全亡不留一人者，排门逐户，无一保全……一人染疫，传及阖家，两月丧亡，至今转炽，城外遍地皆然，而城中尤甚。"有学者估计，一连串的天灾可能导致了一半以上的人口死亡。若按明后期天津人口在10万以上计，则死亡人口超过5万。而明末的战乱，又使人口外逃成风。由此可判断清初天津的人口已与明代后期无法可比。根据清代后来对天津地区征银丁数的一些记载，我们可以对明末清初天津城人口减少的情况做些推测。清代从顺治五年（1648年）开始恢复明代通行的里长制度，对人丁进行造册登记。据清乾隆年间编修的《天津县志》记载，明朝后期由明政府统计的天津县域的人丁数为6042丁，到清代最初有记录时已降至2769丁，中间因老、弱、逃、亡减少了3273丁，损失过半。那时的天津县人口大多数是集中在今天津市区范围内的。虽然上面的数字只是人丁数，不是总人口，但总人口的损失程度应该不相上下。《天津卫志》记载，康熙初，"本卫土著之民,凋零殆尽,其比间而居者,率多流寓之人"。"天津新造之邑……人民大率由迁徙而集。永乐官籍,阀阅相望,及今里巷全非,族姓寥落矣"。

为了恢复和稳定社会秩序,清军占领天津城后,采取了一系列招抚人口的措施。首先是招抚外逃的难民,"其招回难民,著地方官安插抚辑,毋致失所"。其次是对定居下来的人口,按损失情况给予不同程度的减免租税的优惠,以便其能尽快恢复生产。"京城遭明末寇贼蹂躏之后,其民居被逼迁徙者,免赋三年,被毁未迁者免一年。大兵所经,田禾被伤者除本年田租之半,河北府州县卫免租三分之一"。这些措施取得了一定的成效。一些外逃的难民回返,天津人口开始增长。到康熙六十年(1721年),据《畿辅条鞭赋役全书》记载,天津县的征银人丁与不征银人丁③合计为3158丁,与清初最早的记录相比,人丁数增加了389丁。

与明代时人口大规模迁入并建立聚落的情况比较,清初到天津的移民更具有分散性的特点,由移民新建立的村落相对较少。河北区盐坨村可为一例。该村所在地在明代时是储存食盐的地方,后废弃。清初一些人到此落户,形成聚落。康熙年间,清政府曾将一批江南军徒人犯安插天津屯田,后又公开招募来津屯田之民。有史料记载,"召浙闽农人数十家",垦区

"每田一顷,用水车四部。插莳之候,沽涂遍野,车戽之声相闻。秋收亩三四石不等。雨后新凉,水田漠漠,人号为小江南云"。

顺治、康熙时期,迁居天津的商人仍有不少,特别是盐商。康熙七年(1668年)长芦巡盐御史署自北京迁驻天津,十六年(1677年)长芦盐运使司也从沧州移驻天津,天津成为长芦盐务的管理中心。这些都促进了天津盐业的进一步发展。一些大盐商,如张霖、张霆、安尚义、解秉智、查日乾、金玉冈等相继来津,他们中有的后来繁衍为津门的名门望族。同样与盐有关,一些大灶户也迁入天津。康熙十八年(1679年),长芦盐区的盐场进行了合并,兴国、富国、丰财三个盐场在后来的天津县境内。赵承业的先世在兴国盐场制盐发迹,其父于顺治初年迁入天津,此后家族在天津日益兴旺。

清初,为防范明朝的残余势力,曾严行海禁,甚至令沿海居民内迁。北上的漕粮只能河运。顺治初年,由于北运河严重淤塞,漕船到达天津后改用小驳船转运到通州。康熙五十年(1711年),这种小驳船的数量达到1200多只,其中260只属天津管理。虽然增加了转运的麻烦,但清代漕运的规模仍然维持了明代中期以来的水平,每年经天津运往北京的漕粮大体保持在四百多万石。如明朝时一样,漕运的船只可获准携带一定量的商货。这些来来往往的漕船，维护了天津粮食贸易中心的地位，促进了天津与内河地区的经济往来，为清初天津的商业逐渐恢复往日的繁荣做出了重要贡献。康熙二十三年（1684年）后，全国逐步开放海禁。此后南方特别是东南沿海地区的商人又陆续来到天津。

清代天津卫的军队人口与明时有很大不同。清代的军队主要分八旗兵和绿营兵。清初"天津向无满兵"，只有绿营兵。顺治元年（1644年），清政府在天津设镇，镇下辖镇标营，镇标营又分左、右二营，此外还兼辖河间协及其他各营。但其中只有镇标左营和天津城守营真正驻守在天津，其他则分散在周边地区。镇标左营和天津城守营在乾隆年间的人数合计是1264人，它们在清初时的人数，史料上没有明确记载，估计可能少于1264人，因为从直隶省绿营兵的总数看，乾隆时的的兵员数要远多于康熙时，比如乾隆二十三年（1758年）为44348人，而康熙二十五年（1686年）只有30700人。即使假设清初天津卫的军队人口也有1264人，我们也可以发现它比明代是大大地减少了。

清初的绿营兵主要通过接收前明军队改建而成，以后改为招募。原则上是就地招募，当地驻守的绿营兵基本上由当地人组成。这样像明代时那样由军队调守引起的大规模人口迁移在清代就很少了。清初天津驻守的绿营兵很可能是由原明代天津三卫士兵中的一部分改编而成的,主要职责是戍守,有事征调,无事差操。而大部分原明代三卫士兵则改变了军人身份,专事屯田、漕运等工作。他们仍属卫所建制,但身份实际已由"卫军"变成了"屯丁"。《清史稿》记载:"清初,沿明卫所之制,以屯田给军分佃,罢其杂徭。寻改卫军为屯丁,毋得窜入民籍,五年一编审,粮道掌之。"这段话清楚地说明,清顺治、康熙时期虽保留了卫制,但性质已与明代不同。卫制与军队分别,更像是一个安顿前明代军队的临时组织。终于到雍正三年(1725年)时,自明代永乐初年以来在天津实行了320年的卫所制度结束了。

总的来说,清初天津人口增长的速度还是比较缓慢的。康熙六十年(1721年)的人丁数只相当于明末的一半稍多,如果按此比例推算天津城市人口的话,应在五万到十万之间。人口增长慢的主要原因可能是由于天津的经济特别是商业尚处于恢复期。另外,明崇祯三年至清康熙三十九年(1630年至1700年)的七十年间,我国出现了异常寒冷的气候,海河流域基本上不能种植水稻,这也会影响人口在天津定居。

注:

①高艳林著:《天津人口研究(1404—1949)》,天津人民出版社,2002年。

②明代的漕船有海船和河船两种。用于河运的是一种载重四百石的浅船,因底平适应运河水浅的情况而得名。

③清康熙五十二年(1713年)颁布法令,规定以康熙五十年审定的人丁数为常额,以后滋生的人丁永不加赋。这些新增的人丁即为不征银人丁。

三 府县制前期的天津人口

雍正三年（1725年）四月，清政府废止内地所有的卫所，天津卫改为天津州，隶属直隶省河间府。同年十月，将天津州升为直隶州①，下辖武清、青县、静海三县。到雍正九年（1731年），又升天津州为天津府，下辖天津、静海、青县、南皮、盐山、庆云和沧州等六县一州，原天津州域成为天津县域。天津府衙门设在天津城内，天津城因此成为府城，或叫郡城。天津县是天津府的附郭县。至此，一套全新的行政体制建立起来，天津进入府县制时期。府县制时期以1860年天津开埠为界又可进一步分为前后两个时期。

府县制代替卫所制对天津的发展具有重要的意义，它意味着天津结束了纯军事建置的历史，开始构建比较完整的地方政权管理体制。天津城市的性质和功能从此发生了根本性的变化。天津作为北方地区一个较大区域内的政治、经济、文化中心的地位由此奠基。这不仅极大地促进了天津商业经济的繁荣，也对人口的发展产生了深刻的影响。卫所时期特别是明代时以军队人口为主体的状况不复存在了，城市人口增长机制和人口构成都越来越明显地体现出商业城市的特点。随着天津城市商业经济的日益繁荣，人口逐渐增加。到开埠前，天津已发展成为一个拥有二十万城居人口的较大规模的城市了。

1. 城市发展

实行府县制以前，天津卫由于屯田分布广，人口分散。天津卫籍的屯庄民众与周边州县民众混杂居住，不便管理。"天津所管屯庄，俱在各州县，远有三四百里不等，津城附近，反无统属，西门南门以外即为静海县地方，北门东门以外仅隔一河，又系武清县地方……一有缓急，虽咫尺之民，呼应不灵"。因此卫改为州时，为了管理的方便，对区划重新做了调整。共有143个原天津卫下辖的屯庄划出，就近并入武清、静海、青县、南皮和沧州，同时也将武清、静海、沧州三地的267个临近天津的村庄划归天津县。这次调整，改变了天津过去人口沿运河南北向狭长带状分布的局面，有利于天津城市的发展。

府县时期，天津城内外的衙门很多，除天津府衙、天津县衙、天津总兵、天津水师营等军政机构外，还有管理税收的钞关、管理盐政的御使署和运使署等。配合衙门的新建和改建，天津的城市建设也相应加快。雍正三年（1725年），也就是天津废卫设州的同一年，由大盐商安尚义父子捐资重修了天津城墙。天津城内，沟通东西南北的十字街把城区自然分成东北、东南、西北、西南四个部分。东北和东南角聚集了许多商贾富户，陆续建起考究的大宅门，如著名的乡祠卞家、东门里权家、高台阶华家、鼓楼东姚家、北门益德王家、二道街李善人家等。城厢地区的道路和里巷数都急剧增加。据统计，在清代雍正至道光年间，今天津市内六区范围内共新增道路17条，里巷309条，大大超过了卫所时期三百多年间所修的道路和里巷数（详见下表）。分区来看，红桥区和南开区因为是老城厢区所在地，道路建设一直领先其他各区，当时的商业中心基本都集中在这两个区内。到府县时期，这两个区的里巷数更是急剧增长，表明其人口聚集程度又有提高，因为里巷数的增加正是人口增加、民居增加的结果。到天津开埠之前，这两个区的道路和里巷数分别占到今市内六区总数的79%和70%，可见那时的天津城市人口主要是集中在老城厢地区的。不过其他地区特别是河北区在府县时期，里巷数也有一定的增加，表明与老城厢隔河相望的海河东岸人口聚集程度也在提高。整个城市建成区的面积扩大了，1404年天津初建城时，建成区面积约为1.64平方公里，到1840年时已达到9.4平方公里。

开埠前天津城市道路、里巷数的增加

现今区域	明代		清代顺治、康熙时期		清代雍正、乾隆时期	
	道路（条）	里巷（条）	道路（条）	里巷（条）	道路（条）	里巷（条）
红桥区	8	43	5	19	9	130
南开区	13	31	2	33	5	84
河北区	-	35	2	5	-	72
河东区	1	2	2	-	1	3
河西区	2	7	1	1	1	10
和平区	1	-	-	-	1	10
合计	25	118	11	58	17	309

资料来源：高艳林著：《天津人口研究（1404—1949）》，天津人民出版社2002年版，第63页。

旧城北门外地区发展最快。北大关附近的河北大街、估衣街、针市街、锅店街、侯家后一带，饭馆、店铺林立，百货云集，成为新的繁华中心。它与早先繁荣的东门外的宫南、宫北大街一道是当时最主要的商业区。

城市区域的扩大、人口的增加是以城市经济的发展为基础的。清代中期,漕运仍然是关系天津经济发展的命脉。雍正年间,政府进一步放宽了漕运中携带土货的限量,由明代后期的每只船最高60石提高到100石,以后又逐渐扩大到150石。随着限额的提高,越来越多的南方货物被带到天津,或就地销售,或转运他地。甚至洋货也开始输入天津。乾隆、嘉庆年间,浙、闽、广等地的商船经常载运各种洋货来天津贩卖。天津城北门外和东门外均设有洋货街。

清代的粮食流通还有一条新的路线,是从辽东向京津地区运粮。东北地区产粮多,海运又比较近便,从东北贩粮很合算。清初,由于实行海禁,政府只允许少量获得批准的船户负责此项运输,这些人被称为"官纲户"。乾隆时,海禁解除,很多商人纷纷加入奉天海运的行列,从天津去奉天贩运粮食的船只大增,"从前不过十数艘,渐增至今已数百艘"。粮食到天津后,不仅满足本地之需,也供应北京、通州等地,甚至还贩卖到直隶、山东等省的许多地区。当时天津城西北沿南运河一带集中了很多粮店,大粮商也成为天津富豪阶层中的一类,积累了大量财富。

盐业作为天津的传统产业,在清代中期也有新的发展。由于长芦盐的税收占清政府盐业税收的比重很大,清政府对长芦盐的生产和销售制定了许多鼓励措施,不仅号召天津当地的富裕阶层投资盐业,也允许其他地方的商人来津经营盐业。这与明代时对盐业生产和销售实行严格控制的做法完全不同。于是一批积累了巨大资产的盐商在天津迅速崛起。道光、咸丰年间形成的津门八大家中,盐商就占了四家,分别是益德裕高家、益照临张家、长源杨家、振德黄家,可见盐商的富有和在天津的地位。另外四家包括天成号韩家、杨柳青石家、土城刘家、正兴德穆家,他们主要是靠经营粮食和海运发家的。当然这些富豪往往是一业兴后也兼营他业,如长源杨家,依靠盐务发家后,投资典当业,在天津和外地开设了三十多家当铺,还经营粮栈、木行,并占有几十个庄田和大片房地产;正兴德穆家从贩卖粮食起家后,开办了许多磨坊、钱铺、染坊、洋货铺等。其经营的正兴德茶庄,更是享有盛名,曾占领了整个华北的茶行市场,至今仍是天津著名的老字号。

富商阶层的壮大对天津城市的发展有积极的影响。为了扩大社会影响,或为了获得政府的支持,一些富商捐资兴办教育及其他公益事业。捐建书院便是一例。在嘉庆以前,天津建有三所书院,即三取、问津和辅仁书院,其中后两所均为盐商捐建,三取书院虽非盐商捐建,但以后的运营也得到了盐商捐资的支持。为城市贫困子弟无力延师而设立的义学,很多也是由商人创办的。即使是官府设立的府学、县学,资金也有部分是来自富商的捐助。另一个例子是资助"水会"。水会是清代天津的一种群众性的消防组织,一般由民间自发组建,其经费靠募捐。清代中叶天津已有水会 48 局,数量之多显然与商人的热心捐助是分不开的,同时这也从一个侧面反映出当时天津城人烟的稠密,以至人们对消防如此重视。

2. 人口数量增长

清代是我国人口迅速增长的时期。清政府在康熙五十二年(1713 年)实行新增人丁永不加赋的政策后,雍正二年(1724 年)又采取摊丁入亩、地丁合一的办法,规定丁银摊入地粮中征收。这一政策对人口繁殖有鼓励作用。加上清代在鸦片战争以前的一百多年里,社会安定,大的天灾相对较少,死亡率下降,具备人口增长的有利条件。康熙十八年(1679 年),全国总人口为 1.6 亿,到乾隆四十一年(1776 年)增加到 3.1 亿,接近翻了一番。咸丰元年(1851 年),全国人口进一步上升到 4.36 亿,又增加了一亿多。如全国一样,天津人口在清代中期的增长也很快。道光二十六年(1846 年)的《津门保甲图说》第一次对天津县人口做了详细的统计,一般认为这份资料记载的应该是1840年前后天津人口的情况。那时，天津县的的总户数为81223户，人口为442343人，其中城厢地区有32761户，198715人，分别占全县的40.3%和44.9%。具体分布如下表所示。

从表中我们可以了解一些当时人口的分布情况。那时城厢人口的一半左右集中在天津城内，按老城面积1.64平方公里计算，城内的人口密度高达每平方公里58140人，这比今天市内六区中人口密度最高的和平区还要高。城关地区中，东门外和北门外属繁华商业区，人口数量和密度都很大；西门外次之；南门外因地势低，水洼多，人口很少，还不及东门外或北门外人口的十分之一。东北城角和西北城角靠近南运河，又临商业区，聚居的人口也很多。乡区的人口主要集中在东南、西北和西南。海河干流是天津城市发展的主轴线，东南地区海河沿岸村落集中，人烟稠密，人口超过了10万。那时乡区的许多村庄如今早已是在市区内了，比如东南部的贺家口、贾沽道、灰堆、陈塘庄等，西北部的西沽、丁字沽、席厂等，西南部的佟家楼、大园、小园等。因此如果按现在天津市区范围来统计那时的城市人口的话，数量会更大。把人口数与户数进行比较，我们会发现不同区域的户均人数差别很大。城厢区平均每户为6.1人，乡区只有4.7人。城厢区中，城内每户平均人数最多，为 9.6 人，城关各区一般在 5 人以下。看来城厢与乡之间户均人数的差异，主要是因城内户均人数过大造成的。为什么城内的户平均人口多呢？确实的原因已很难说清楚了，推测或许与城内住户多官吏、大商人，因而大宅门多有关吧。

1840 年前后的天津人口

区域		户	人口
城厢	城内	9914	95351
	东门外	7008	34104
	西门外	3399	11200
	南门外	858	2816
	北门外	6608	31494
	东北城角	2639	13208
	西北城角	2335	10542
	小计	32761	198716
乡区	东	3900	16582
	东南	21321	101174
	西	1725	8732
	西南	8088	39754
	北与东北	3757	15478
	西北	8873	44204
	南	4131	17703
	小计	51795	243627
合计		84556	442343

清代中期天津城市人口能够迅速增至近二十万，原因是多方面的。首先是移民大量迁入。商业的繁荣吸引大批商人来天津发展。这个过程其实在明代就已经开始了，到清代中期，外地来津的商人已形成很大的规模。广东帮的壮大就是很好的例子。清康熙年间，随着统治的巩固，清政府逐步取消海禁，提倡并支持海运，以弥补陆路交通不畅对京城物资供给的影响。清政府通过减低捐税等优惠条件，吸引闽粤商人来津贸易。天津当时的捐税是值百抽三（即3%的税率），再打七六折，这样实际的税率是2.28%（即每百两上税2.28两）。闽粤来的商人可享受特别优待，捐税按定额减半核收，每百两抽1.5两。受市场预期和优惠措施的吸引，广州、潮州及福建厦门的客商纷纷来津，形成了在当时天津享有盛名的"粤闽潮"帮。粤闽潮帮的商船每年春季沿福建、浙江、江苏、山东转渤海大沽口，入海河抵达天津，停泊在现在针市街后的三岔河河沿一带。广东商人经营的商品以奇巧著称，当年在天津主要经营缝衣针、铜纽扣、白铜水烟袋、金箔、锡箔、锡制品、阳江漆工皮件、象牙雕刻品、玉器、藤织品、考绸云纱、草席、转口的红木等木器以及香料、药酒等等。物美价廉的缝衣针是广东商品的代表，针市街即因之而得名。由于广东货在天津很受欢迎，广东人在天津开办的商号不断增加，并出现了许多专门制作广东货的作坊。按照经营习惯，广东人开的商号和作坊基本上只雇佣广东人，这样由于就业机会多，大量广东人陆续来到天津。据考查，至咸丰年间，在天津工作的广东人有5000人之多，如果算上家属的话就更多了。乾隆四年（1739年），来自福建、潮州、广州的同乡在现在西北角第二中心医院的地址上，成立了闽粤会馆，以增进彼此之间的联系。

类似的外来商人还有宁波帮、江西帮、山西帮等。宁波也是海运线上的重要港口，历来外出经商的人很多。与广东帮相同，宁波人在外经营，一般也是尽量雇佣同乡人。因此随着宁波商人在天津生意的兴旺，大量宁波人随之移民天津。乾隆年间，天津城北门里户部街建有浙江乡贤祠，说明浙江人在天津有相当的规模，浙江人中尤以宁波人居多。江西商人在天津经营的主要商品是瓷器、毛竹、茶叶等，乾隆十八年（1753年）成立了江西会馆。山西商人在天津势力强大，经营范围也很广，道光七年（1827年）山西会馆成立时，其内部行帮就有十三个之多，包括盐、铁、票、染、锡、茶、钱、账、洋布、皮货、颜料、杂货、当行等。

迁入的人口中有许多是来自周边地区的灾民。由于遭受自然灾害，庄稼没有收成，农民不得不背井离乡，一些人便迁到天津寻求生路。史载"嘉庆辛酉（1801年）津邑大水，四乡灾民纷逃来城"。另外天津是闯关东的必经之地，一些打算去关东的人往往会在天津停留，如"乾隆壬子（1732年）津郡大水，临邑饥民奔奉天路过津道者，日以千计"。他们中有的因找到谋生机会，有的因无法继续北上而在天津滞留下来。为赈济流落到天津的灾民，官府和地方绅商也举办了一些公益事业，如乾隆时，由官府号召绅商捐资在天津城四门外设立粥厂，向饥民提供食物。以后又在粥厂内设置义仓，号召居民捐米，储藏以备急用。为防止灾民大量涌来造成天津自身的粮荒，自乾隆十八年（1753年）起，天津县在所属299个村中，每20华里内建义仓一区，一共建了七区。道光十四年（1834年）又在天津城东北隅建义仓，储谷3500多石。如此重视建立义仓储粮，从一个侧面也说明了当时灾民流入天津，不仅经常发生，而且人数应该不少。

随着移民的增加，这一时期城厢周边出现了一些新的村落。现在的河北区王串场一带，原属武清县，雍正八年（1730年）划归天津县，乾隆年间渐成村庄。据传有一个从南方迁来的叫王串子的人，在此建打谷场，附近农家均租他的场地打谷因而习称王串场。此外还有李公楼、刘庄、王庄子、沈庄子、佟楼、唐家口等，都是在这一时期形成的新的移民聚落。

除人口迁移外，这一时期天津人口的增长与自然增殖较快也有很大的关系。但因缺乏史料，对那时人口生育率水平已无法考查了。一些家谱显示清代中期世代繁衍是非常快的。从雍正时期到咸丰时期，一般家族的人口都翻了几番。不仅一代比一代人数多，人的寿命也在延长，不少的人都活到了65岁以上。据南开大学高艳林博士运用家谱资料所做的研究，在这个时期，15岁以上死亡的人的平均寿命，男性达到了53岁，女性也有50岁。在150年前，这样的寿命应该说是比较高的，不过由于家谱中没有包括15岁以前死亡、特别是早年夭折的人口，我们很难估计总人口的平均寿命。

3．人口的职业结构

清代中期天津商业经济的发展在城市人口的职业结构中也得到了反映。《津门保甲图说》详细描述了天津县内不同地区人口的职业状况，为我们了解当时天津城市的性质和居民的情况提供了十分宝贵的资料。那时的统计是以户为单位的，具体情况如表。

清代中期天津人口的职业结构

单位:户

		绅衿	盐商	铺户	负贩	应役	佣作	船户	烟户	其他	合计
城厢	城内	288	159	3132	1935	1139	30	19	887	325	9914
	城关	365	213	8494	3776	1199	677	654	6832	637	22847
	小计	653	372	11626	5711	2338	707	673	9719	962	32761
乡区		498	17	3935	4677	590	6408	4792	29030	1848	51795
合计		1151	389	15561	10388	2928	7115	5465	38749	2810	84556

先来看城厢地区居民的情况。不论城内还是城关,数量最多的都是"铺户",即开设店铺的坐商,占总户数的三分之一强;其次是被称为"烟户"的普通居民,他们不属于已列出的任何一种职业;第三是"负贩",即走街串巷吆喝贩卖的行商。若把坐商和行商合计起来,总户数将超过城厢地区全部户数的一半;第四是"应役",指那些临时性应召受雇的人家,它与"佣作"的区别是,后者的雇佣关系是比较稳定的。这两部分人中有些人可能也是受商家雇佣的,因此也可以算是商业人口。盐商作为专门的一类列出,户数占了城厢地区总户数的1%多,可见盐业在天津经济中的地位。"绅衿"是指地方绅士,包括那些曾经做过官或有过功名的人家。天津城既是府治,又是县治,做过官的人家自然不少。清代中期,由于一些

大盐商风雅好客,广交名士,许多文化名人移居天津,对推动天津城市文化的发展起了积极作用。比如,盐业巨商查日乾和查为仁、查为义父子重义好客,博学多才,他们的私家园林——水西庄,一度聚集了南来北往的文人墨客几百人,其中不乏功名成就者。还有一个单独列出且数量较大的类别是船户,占了总户数的2%。天津是河运和海运的码头,居民中多船户是很自然的。

与明代军队人口比重大的情况相比,清代中期天津的人口结构已发生了根本性的变化。城厢地区的居民一半以上经商的事实,表明天津已成为一个名副其实的商业城市了。

再来看不同职业的家庭户在居住地类型上的分布。绅衿、盐商、铺户、应役主要居住在城厢地区,佣作、船户、烟户主要分布在乡区,负贩活跃在城乡之间,居住相对分散。值得注意的是,应役和佣作同是受雇于他人的,但前者主要生活在城市,后者多分散在农村。大概城市里临时性差事较多,可为许多人提供生存机会,而农村中缺少这种临时性差事,更多的是长期雇佣。

表中右起第二栏"其他"项中,包括了一些户数较少的职业,如僧道、乞丐、医卜、窑户、捕鱼、种园等等。城厢地区共有僧道人士105户、乞丐89户、医卜22户,可见天津城市发展到20万人口的规模,已是各色人等俱全了。

注:

①清代规定,有下辖县而不隶属于府的州,隶属于布政使司,称为直隶州。

四 天津开埠与人口发展

1860年10月,根据中英、中法《北京条约》的规定,天津开放为通商口岸。这一事件在天津城市发展史上具有里程碑的意义。开埠后,随着城市地位提升、贸易规模扩大、近代工业兴起,天津城市性质和功能发生了巨大变化,仅仅经过几十年的时间,就由一个原来的近畿府属县城发展为仅次于上海的全国第二大工商业和港口贸易城市。城市人口规模也由开埠前的20万急剧增加到清末时的60万,并在1925年突破了100万,晋升特大城市的行列。从开埠到1928年建市之前的这段时期是天津崛起的重要时期,天津完成了从传统的商业城市向近代工商业大都市的转变。这期间随着政权的更迭,天津城市管理体制也频繁发生变化,大体上可以分为三个阶段,即自开埠到 1900 年义和团运动爆发、从设立都统衙门到清朝结束、民国时期。

1．城市地位提升与人口增长

为了加强对北方通商口岸的管理，咸丰十年（1860 年）清政府任命崇厚为办理三口通商大臣，驻扎天津，负责管理天津、牛庄（今辽宁营口）、登州（今山东烟台）三口的通商事务。后因三口通商大臣缺乏统辖地方事务的权力，外事交涉时有诸多不便，因此清政府又在同治九年（1870 年）裁撤三口通商大臣，改为由直隶总督兼北洋大臣统管洋务、海防等事宜，直隶总督移驻天津。同时设立天津海关道，负责直隶全省的对外交涉事务，并兼管新设立的海关和原有的钞关的税务。这样天津城不仅继续作为府治和县治，还成了直隶总督衙门的所在地，天津的政治地位大大提高了。

天津开埠后，英法美等国开始在天津强划租界，德日两国随后效仿。到 1898 年，五国租界在天津旧城东南沿海河上游西南岸连成一片。租界在政治上享有治外法权，由各国自己建立机构，或由租界内的纳税人公举董事组成董事会进行管理，不受中国政府的直接管辖。这样天津城实际上就被分成了中国辖区和租界区，实行分割管理。另外，各国还纷纷在天津设立领事馆，在二十世纪之前，共有14个国家在天津派驻了领事。

开埠对天津的经济产生了深刻影响。长期以来，天津的经济是依赖漕运发展起来的，经济活动的重要内容是保障首都的供给。由于漕运，天津成为我国华北地区许多重要商品的集散地，商业经济因此发达起来。但开埠前的贸易规模，除粮食、食盐等少量大宗商品外，总体来说是比较小的。天津对周边地区的经济辐射能力有限。开埠后，随着贸易规模的扩大、贸易商品种类的增多，天津的经济地位迅速提高。一方面有大量外国商品通过天津输往华北、西北各地，另一方面，中国北方特有的农副土特产品也通过天津出口国外。据统计，到1899年，天津的进出口贸易总额比开埠初期增长了五倍，其中出口更是增长了近九倍。天津的市场范围扩大了，经济腹地从华北扩大到东北、西北，同时天津与这些地区的经济联系也更紧密。

经济方面的另一重要变化是近代工业开始在天津出现。早先的天津近代工业可分为两类，一类是官办的，以军事、能源、交通工业为核心，包括天津机器局、开平煤矿、轮船招商局等。这些近代工业的兴办，为天津城市发展注入了新的活力。首先是大大增强了天津的经济实力，以天津机器局为例，其一年的收入约是天津县一年田赋收入的50倍；其次是带动了天津城市人口、交通、通讯和教育等各方面的发展。直隶总督李鸿章把天津作为举办洋务的基地，在发展军事工业的同时，也兼顾民用工业，并试办各种城市公用事业。其中近代交通体系的兴建对促进人口流动和城市发展，有重要的意义。1872年轮船招商局成立，天津出现了中国人自己经营的轮船运输。由于轮船比旧式帆船快捷，客运量迅速上升。1888年天津至唐山的铁路通车，1897年天津至卢沟桥的铁路完工。在此之前，1892年在海河东岸修建了老龙头车站（今天津站）。这样中国第一个铁路网以天津为中心形成了。有了铁路后天津的对外交通更方便了。据海关统计，光绪十八年（1892年），搭乘轮船来津的人数已有三万多，由古冶搭乘火车来津的旅客则有近五十万人。

另一类近代工业是由私人资本举办的。天津最早出现的私人资本是外国资本，在二十世纪以前，天津外国资本经营的企业共有16家，但规模都不大，总共雇佣的工人只有一千多人。外资企业大概分三类，一是驳船公司，二是为出口贸易服务的打包业，三是城市公用事业和小型轻工业，如煤气公司、自来水公司、石碱厂等。天津民族资本企业起步较晚，实力也很弱，到十九世纪末，还没超过十家，雇工约在1500人以内。

可见十九世纪末的天津近代工业主要还是以官办或官商合办为主的，官办或官商合办企业的资本总计达2650万两，占当时天津全部近代企业资本的94%，雇工约有一万人，是私人资本企业雇工人数的近四倍。近代工业的出现改变了天津传统的经济结构和人口结构，造就出天津第一批产业工人。一些官办企业，如煤矿和铁路，还跨出了天津的区域范围，加强了天津与周边地区的联系，提高了天津城市的地位。

开埠后，天津城市建设发展加快，面积迅速扩大。首先是租界区开发成效显著，这些地方以前大部分是低洼、荒芜之地，只有个别点状分布的村庄、寺院，人口稀少。开辟为租界后，凭借租界所享有的特权，经过几十年的建设，很快就繁荣起来；其次是近代工业兴起对城市建设也有促进作用。以天津机器局为例，最初成立的西局建在城南三里的海光寺，以后又在城东十八里的贾家沽建立东局。1870年李鸿章接办后，几次扩建，规模不断扩大。时人描述当时的厂房设施，"巨栋层栌，广场列厅，迤俪相属，参错相望……隐然海疆一重镇焉"。过去属于村庄的一些地方，如锦衣卫桥、海光寺、三官庙、永丰屯、金家窑、望海寺、马家口、卢家庄等渐渐都成了市区的一部分。1900年天津城市建成区面积已达13.4平方公里，比1840年时扩大了4平方公里。

伴随城市地位的提升、贸易和工业的发展，开埠后天津城市人口也有显著增长。光绪二十一年（1895年），天津县人口达587666人，比《津门保甲图说》记载的442323人增加了约三分之一。如果假定城区人口也按同样比例增长的话，则这一年天津城区人口约在26万。考虑到城市建成区的扩大和近代城市产业工人大多来自周围农村地区的事实，可以肯定天津城区人口的增长应该比全县人口的增长快得多，那时的城区实际人口估计已在30万以上。新增的城市人口中，迁入人口要远多于自然增长的人口。周边地区破产的农民和灾民是迁入人口的主要来源。其中灾民的流入规模很大。如《天津县新志》记载，同治十年（1871年）"夏秋之交，津郡淫雨成灾，被水之区甚广，四民携扶来郡者以数十万计"。每次发生灾荒，灾民往往都会流入城市寻找生计。当然流入城市的灾民大多数过后会返回原籍，但也有一些人会滞留下来。流入天津的人口中来自南方的移民也很多，其中有官僚、商人、士兵，也有工人。天津在兴办近代工业的初期，很多的技术工人是从广东、福建、宁波等地招收的。这一时期，天津市内新建的各地会馆和公所很多，其中很多是南方省籍的，如怀庆会馆、安徽会馆、浙江会馆、江苏会馆、济宁会馆、绍兴会馆、两江会馆、淮庆会馆、邵武公所、潮帮公所、庐阳公所等等，这从一个侧面也

反映了那时外籍特别是南方籍人口数量之多。

2．二十世纪初期的人口

1900年天津爆发义和团运动，天津军民与入侵中国的"八国联军"展开斗争。7月11日联军攻破了天津城。联军在天津进行了疯狂的大屠杀和大洗劫，一连数日纵火烧房，整个城市一片火海，死亡者不计其数，幸存者四处逃难。天津城市人口锐减。

帝国主义列强组织了联合军事殖民统治政权——天津都统衙门，作为天津的临时管理机构。都统衙门下令拆除天津城墙，在城墙旧址上修筑马路。许多原城墙根下的民房，以及北门河沿、马家口河沿至老铁桥、闸口与东南角等地的民房也随之一律被拆除，成千上万的原居民因此流离失所。都统衙门下设有巡捕局，负责城市的治安和交通管理。为了管理方便，巡捕局对天津城区街道门牌的编制方法做了统一规定。按此规定，南北走向的街道，从北头开始顺序编号，路东住户门牌为双数，路西为单数；东西走向的街道，从东头开始编号，路北住户门牌为双数，路南为单数。该方法以后被沿用下来。

在都统衙门统治时期,帝国主义列强在天津又掀起了一次强占租界的高潮。原来没有租界的俄罗斯、意大利、奥地利、比利时四国强行取得了租界,原来已经设立租界的英国、法国、德国、日本四国则在原有基础上竞相向外扩张。1900年以前,天津的租界面积大约是5282亩,而到1903年底就增加到了22874.5亩,增长了三倍多,租界的面积竟相当于当时天津旧城面积的八倍。到1931年法国租界再扩充476亩,使天津租界的总面积最终累计达到了23350.5亩。

都统衙门统治期间本计划对天津人口进行一次普查,巡捕局还设计了普查统计草表,计划调查姓名、性别、职业、婚姻状况、住所等项目,但后来因政权交还中国,普查没能实施。但所做的准备工作,对以后进行的人口普查有重要的参考价值。

1902年8月,袁世凯代表清政府把天津从都统衙门手中接收过来,结束了天津为期两年的军事殖民统治。袁世凯继承了都统衙门里的许多机构,如卫生局、工程局等,使之继续发挥作用,同时参照巡捕局的做法,设置了新的巡警总局,建立了中国最早的一支警察部队。巡警局从1903年起开始实行户口调查制度,1907年为准备立宪选举首次在天津进行了大规模的户口调查,三年后又搞了一次大规模的户口调查。这样在

1903年以后关于天津户口统计的资料逐渐增多起来。当然这些调查资料的质量还存在很多问题，而且巡警局的调查不包括天津租界区的人口，也不包括居住在中国辖区里的外国人。后两种人口由各国租界管理机构和各国驻津领事馆自行统计。

经过新一轮强占租界的风潮后，天津市内海河两岸的大片土地都被各国瓜分，城东、城南几乎都被租界占去，连老龙头火车站也处在了俄罗斯、意大利两国租界的包围之中，天津城厢的发展余地已很有限。鉴于这种情况，袁世凯决定向城北发展，开发新市区，首先将海河以北东沿铁路、西至北运河、南起金钟桥、北至新开路的区域列为开发范围，新建一个火车站（今天津北站），并在车站至北洋通商衙门之间修筑一条三华里余的大街（今中山路）。为了促进新市区的繁荣，袁世凯要求把天津的许多政府官署迁到那里，并鼓励和支持在新市区设学校、建工厂。袁世凯还计划开发南运河以北地区，但最终未能完全实现。不过1911年建成天津西站，对促进天津城区向西北方向的发展多少还是起了一定作用。

租界区的扩张和新市区的开发使天津城市面积进一步扩大。1910年前后市区面积已达16.5平方公里，其中中国辖区约6.6平方公里，租界区9.9平方公里。为了便于市区范围扩大后的管理，1910年地方当局把租界区以外的市区划分为东、南、西、北、中五个大区，建立区级行政建置。这是天津城市设行政区的开始。五大区中以中区最繁华，该区有南运河横贯其中，传统的商业繁华地段，如锅店街、估衣街等都落在此区；其次是东区，有天后宫、东马路等商业区；南区不及前两区繁华，但人口在五区中最多；西区、北区人口相对较少。

根据天津巡警局首次大规模人口调查，光绪三十二年（1906年）天津城区中国辖界内有63550户、356857人。同年各国租界统计的户口为10790户、67696人，其中中国人9432户、61709人，外国人1358户、5987人。这样，把中国辖区和租界区合计，得天津城区人口共74340户、424553人。另外天津县四乡368个村庄共有75478户、384263人，城乡合计，天津县的总人口为808816人。宣统二年（1910年）天津又进行一次大规模人口调查，结果是城区共102147户、601432人，其中中国辖区90337户、549549人，租界区11810户、51883人。与四年前比较，中国辖区人口大幅度增加近20万人，增长率超过50%，租界区人口则减少了一万多人。人口数量变化如此巨大，可能存在数据不精的问题，但主要应该还是由市区面积扩大、迁入人口增多造成的，因为以天津县总人口看，1910年城乡合计为886524人，比四年前增长9.6%，增长率是比较合理的。1910年的调查还提供了一些关于天津城区人口分布和结构方面的信息,比如中国辖区中,南区人口最多,有16万多人;中区次之,为14万多人;东区排第三,有11万多人;北区、南区人口较少,分别为7万和5万多人。这些人口中有学童27095人,壮丁115602人,其他人等共406852人人,包括247432名男性和159420名女性。

1910年的天津县人口比1895年时增长了50%,但天津城区人口则翻了一番;如果与《津门保甲图说》记载的1840年前后的情况比较,天津县人口增长了一倍,而城区人口则增长了两倍多。天津四乡人口在半个多世纪中数量变化不大,而城区人口则是急剧上升。显然城区人口的迅速增长是大量人口迁移的结果。袁世凯开发新市区和扩展旧城的西北地区,使一些原属四乡的地区变成了城区,这也是城区人口增长的重要原因。

这一时期天津商业贸易经济继续呈现快速增长的势头。1906年的进出口贸易总额达11286万两,比1901年增长130%。外国商人纷纷来天津开办洋行、商社,1906年已达232家。对外交通发展迅速。1908年天津港进出口轮船达到3128艘,总吨位388亿吨,均比1900年翻了一番。铁路方面,1903年北京至天津的铁路延长至山海关外的新民,以后又不断向东北延伸,沟通了天津与东北的交通。1906年京汉铁路全线通车，1907年正太铁路通车，1909年京张铁路开通，1911年津浦铁路全线贯通。这些铁路的建成大大改善了天津与全国其他地区的物资流通，为天津外贸出口货源的运输创造了更好的条件。

天津的近代工业在八国联军进攻天津时曾遭到严重摧残，这一时期开始重新兴起。特别是1906年至1909年间工厂数量增加较快，吸纳了许多人口就业。

3．民国时期的人口

1912年，中国进入北洋政府统治时期。北洋政府对官制进行了改革，把地方行政设置精简为省、县两级。天津府、道相继裁撤，只保留天津县，归直隶省管辖。1913年直隶省省会迁到天津，天津正式成为省会城市。

北洋政府统治时期，尽管北京的中央政权更迭频繁，直隶省军政长官更是走马灯似的替换，但天津的社会秩序还算平稳，城市人口依然保持着快速增长的势头。天津城市中国辖区1911年有91812户，556587人，到1927年底就增加到167272户，906220人，人口增长了63%；租界区人口增长更快，1911年底为54543人，到1927年猛增到204828人，增长了275%。如果把两部分人口合计的话，1925年天津城市总人口为107.3万人，首次超过百万，跨入了特大城市的行列，1927年底达到111.1万人。

人口的快速增长是由城市的发展带动的。这个时期，天津商业贸易振兴，近代工业发展加速，城市中就业机会较多，吸引了大量外来人口。天津对外贸易虽然在民国初年由于爆发第一次世界大战的影响，增长比较缓慢，但战后很快就恢复起来。1926年天津进出口贸易总额达27707万两，比1911年增长了137%。国内商业发生重大变革。天津传统的盐商、斗店（粮店）、钱铺等日渐衰落，新的商业和金融组织涌现出来。一方面，商业经营分工日趋细密，专业店盛行；另一方面大型的经销各种商品的综合百货商场也开始出现。1913年宋则久创办天津国货售品所。1928年天津中原公司（今百货大楼）和劝业场相继开业。这些都标志着天津商业的发展达到了一个新的水平。据调查，1928年天津仅中国辖区内华资商业的雇工就有7.5万人，如果加上租界区的商业机构，整个城市的商业从业人员超过10万人。

近代工业的发展也创造了大量就业机会。由于天津城市政治地位提高，基础设施相对较好，又有租界可以提供庇护，许多富人,包括一些南方的商人和买办,都乐于来津定居。特别是1912年初北京遭兵乱,富家大族纷纷逃到天津。那些下野或失意的军阀官僚更是把天津作为理想的退隐之地。这些人聚集天津,也把财产带到天津,从而使天津的社会资本相对充裕。1914年第一次世界大战爆发,主要帝国主义国家都卷入了战争之中。在华外国势力相对减弱,洋货输入量明显下降,这为中国民族工业的发展提供了难得的机会。于是一些人开始投资近代工业,天津出现了具有一定规模的民族资本家阶层。天津人民在反对帝国主义的斗争中,一次次掀起抵制洋货、提倡国货的运动,如1915年因抗议日本提出灭亡中国的"二十一条"而抵制日货,1916年因反对法国侵占老西开而抵制法货等,对民族资本家兴办工业、生产国货起了鼓舞作用。北洋政府也颁布了若干新的政策法令,保护和支持民族工商业的发展。由于以上种种原因,1914年以后天津出现了投资建厂的高潮。据统计,在1914年—1927年间,天津新建工厂多达1200余家,平均每年90家左右,而在此之前天津已有的近代工厂总数也不过百家。这些新建工厂中95%以上属民族资本投资,只有少量由外国人投资。新建的民族工业在纺织、面粉、盐碱三方面的发展最为突出,出现了一些资本雄厚,规模庞大,有比较先进的机械设备和较高生产能力的大企业,如裕元、恒源、裕大、华新等纱厂，寿星、福星、民丰等面粉厂，久大精盐厂，永利碱厂等。这些工厂构成了以后天津工业发展的基础，也奠定了天津以轻工业为主的工业结构。众多工厂的新建，使天津产业工人的队伍迅速壮大。1927年天津在纺织、面粉、化工、机械等行业的工人就有七万多。1925年日本满铁调查发现，天津码头工人有5500人。如果再加上其他部门的工人以及众多的手工业工人，天津工人的总数至少在十万人以上。

  随着经济发展和人口增加，天津城市建设也成绩显著。基础设施的改善提高了城市的吸引力，也增强了城市的人口容纳能力。特别是道路、桥梁的建设对改善城市交通，方便海河、运河两岸的人员往来具有重要的意义。这一时期，天津城市建成区面积增加了很多，到1928年时已达36.2平方公里，比1911年翻了一番多。在此期间中国政府于1919年收回了德、奥两国租界，分别设为天津特别第一区、第二区，1925年又收回了俄租界，设为特别第三区。另外，这一时期还建成了几条具有近代水平的城市间公路，如连接北京和天津的京津大道、连接天津和保定的津保公路等，这对于促进天津与外地的经济联系和人口流动都有积极的作用。

  这一时期天津城市人口增长快还与北方地区天灾人祸不断

有关。1912年、1917年和1924年都是大水年，其中1917年的特大洪水，受灾面积近四万平方公里，遍及天津、河北101个县，淹村庄19000多个，受灾人口625万。1920年华北五省遭旱灾，受灾面积达三万平方公里，灾民有3000万，仅十一、十二两个月就有五万多灾民逃到天津。连年的战争更造成了人民生活的苦难。1920年爆发直系与皖系军阀混战，1922年和1924年两次爆发直系与奉系军阀混战，1925年又发生奉系军阀与国民革命军之间的战争。连年战争导致华北地区农村民不聊生，人民流离失所，许多人因此逃入天津避难。

五　天津建市后的人口增长

1928年6月，直鲁联军退出天津，阎锡山军队进驻，天津开始由国民政府接管。国民政府决定，设置天津特别市，从天津县中分出，直属南京国民政府管辖，天津县只保留原来的四乡地区，天津市、县分治，但四乡人口统计由市警察局代管。同时改直隶省为河北省，省会仍设在天津特别市，但随后又迁到了北平（今北京）。这是天津建市的开始。此后数年内天津市的城市等级和隶属关系发生了多次变化，直到1935年最终确定为行政院直辖市后，在解放前没再发生新的变化。建市以后，天津城市人口统计开始逐步健全起来，统计项目增加，除了人口总量统计外，也有了一些人口构成方面的统计。这为我们更深入地了解设市以后天津人口的变迁创造了条件。

到解放前夕，天津城市人口已接近 200 万，超过北京，成为全国第二大人口城市。

1．国民政府时期人口增长停滞

天津设市后行政区划仍沿用旧制，只是把名称改用数字标识，原东、西、南、北、中五个区分别改称一、二、三、四、五区，由收回的租界设立的特别一、二、三区不变。1928 年以上八个区的总人口为 93.9 万人，另外租界区有人口 18.3 万人，这样天津特别市当时的总人口为 112.2 万人。1930 年天津特别市改名为天津市，作为河北省的省辖市，同时把河北省省会重新由北平迁回天津。1931 年，收回比利时租界，设为特别四区。1933 年天津市五个区加上四个特别区的人口为 88.1 万人，租界区为 15.2 万人，合计 103.3 万人，比设市初年减少了近 9 万人。

1928 年天津特别市初设时，其范围是以原天津城区为基础的，另外还划入了周围 20 个村庄，包括八里台、佟楼村、邵公庄、堤头村、小王庄、于王庄、席厂村、唐家口、复兴庄、墙子上、公园后等。设市后的头几年，天津市、县虽然实行分治，但两者界限并没有明确划分。1934年1月，河北省政府委派市县划界委员会会同市、县政府进行勘界，明确了天津市的四界范围。10月把四乡中的大直沽、土城、东楼、谦德庄、李七庄等村庄划归市区，增设为第六区。经过这次划界，天津市面积扩大到近100平方公里，比原来增加了八成多。1934年底人口上升到118.9万人，其中中国辖区103.0万人，租界区15.9万人。这一年人口较上一年增加较多，与市区面积扩大，包括了一些原来的四乡人口有关。1936年，市、县再次勘界，又将县的一部分划归天津市，使得市区面积再扩大至147.8平方公里，已接近现在市内六区的总面积，人口也相应增加。1936年天津市中国辖区人口为108.1万人，租界区为17.4万人，合计125.5万人。

从1928年到1936年天津市面积增加将近两倍，但人口只增加了12%，约14万人，而这新增的人口中大部分可能还是因市县划界而从天津县划拨过来的。其中1928年划归市区的人口有八万多，1934年和1936年两次勘界时划归市区的人口有六万多。如果把这些划拨的人口剔除的话，这一阶段天津市人口很可能是减少的。事实上1934年划界之前的几年里，天津市人口就真实地减少了。这种情况在天津开埠以来是很少见的。造成这一时期人口增长停滞的原因主要有三个：一是首都南迁，二是社会动荡，三是城市经济衰退。

天津素来有京城门户之称，历史上天津的发展和人口聚集往往都与拱卫京城、服务首都的功能有关。北洋政府时期大批军阀、官僚定居天津，主要也是因天津与北京非常近便。随着国民政府定都南京，天津丧失了以往作为京城门户的特殊地位，于是众多追随权力中心的各方人士便纷纷迁居南京、上海等地，其中既有政界人物，也有寓居天津租界的军阀、遗老，还包括很多工业界、金融界人士。

当然工业界、金融界人士南迁还与华北社会动荡，缺乏安全的经营环境有关。1930年爆发的蒋介石、冯玉祥、阎锡山之间的南北大战，波及十一个省，严重破坏了我国北方地区的社会安定。1931年日本发动"九一八"事变，随后就加紧对华北地区的侵略，发动华北事变，在冀东成立傀儡的自治政府。紧张的战争形势迫使大批工业和金融资本从天津撤离。从1932年到1937年，原来在天津设立总行的银行，包括金城、中孚、大中、中国实业银行等都相继从天津迁往上海。这些银行的南迁削弱了天津作为金融中心的作用，无疑会影响天津城市经济的发展。1931年日本人还在天津策动了多次暴乱，许多商家、民居遭到劫掠。城市中不安全的环境促使一些人另寻安身之地。

城市经济衰退减少了城市中的就业机会，也导致人口大量外迁。中国近代工业因第一次世界大战获得了短暂的发展机会，天津的民族资本工业差不多都是在这一黄金时期建立并发展起来的。但随着战争结束，特别是1929年主要资本主义国家爆发严重的经济危机后，外国资本又开始大量进入我国。天津作为华北最大的开放商埠，成为外国资本投资的集中地。到1936年，外国在天津的投资总计达一亿美元。外资的大量涌入对民族工业，特别是中小企业造成很大冲击。大批中小企业纷纷破产，一些比较大的民族资本企业也经营困难，不得不停产减员，有的被外资企业兼并。以1933年与1929年比较，天津民族工业企业从2191家减少到1233家，工人人数从47724人减少到39260人。同期中小企业从2169家减少到1199家，工人从26882人减少到21073人。商业贸易也出现增长停滞局面。华北各地连年灾荒，农业大减产，出口贸易和国内商业的货源都受影响。频繁的战争使交通经常受阻，妨碍了天津与其他地区的联系。特别是日本对东北和华北的侵占，使天津城市经济辐射能力受限，市场范围大大缩小。以棉花为例，过去华北各地生产的棉花基本都由天津市场销售或出口国外，棉花是天津批发市场交易量最大的商品之一，但1933年以后，天津棉花的交易量出现了大幅度的下降。由于城市经济衰退，城市能吸纳的劳动力人口减少，失业人口增加，于是许多进城谋生的移民不得不转徙他乡。

迁出的人口中除返回原籍者外，一个比较集中的去向是移民东北。当时东北当局在天津设有招工局，专门招收劳工到东北各地垦殖。华北地区的农民欲往东北者，都到天津聚集，由天津启程乘火车沿北宁铁路出关。以前，由于天津的就业机会较多，许多准备移民东北的人到天津后往往会滞留下来。现在天津经济不景气，移民东北的人显著增多。北宁铁路局发售一种专门的移民票，每张票可供一家人（8人以下）使用。1928年售出移民票1.3万余张，1930年猛增至9.8万余张，1931年售出5.5万余张。仅这三年，根据售出的16万多张移民票估计就至少有几十万人经天津去了东北，其中以山东、河北两省的人居多。

2．抗日战争时期城市人口激增

1937年日本侵略军发动"七七事变"，7月30日占领天津，8月1日日军操纵成立了天津临时伪政府——天津治安维持会。天津进入了日伪统治时期。同年12月，治安维持会改组为天津特别市公署,并把特别四区并入特别三区管辖。次年对市内六区进行重新规划,调整为九个区。1941年太平洋战争爆发后,日军接管了英租界,设立为特别区公署。1943年天津特别市公署更名为天津市政府,以后又将原特别一、二、三区改为普通区,顺序称为第十、十一、十二区。同年伪天津市政府先后接收了日租界、法租界和意租界,分别设为兴亚一区、兴亚三区和特管区,由原英租界设立的特别区公署改为兴亚二区。至此天津的外国租界在名义上都不存在了,市区不再区分中国辖区和租界区,但此时的英、法、意租界实际上是在日本的控制之下,它们连同日租界真正回归中国是在抗战胜利以后。

  在日伪统治时期,天津人口增长较快。抗战全面爆发前夕,出于对战争的忧虑,人口大量外迁,1937年的人口降到了108万,比上一年减少17万。由于在天津没有发生大规模战斗,市区的战事只进行了一天,社会秩序很快得到恢复,于是大量躲避战争的难民纷纷逃入天津,致使城市人口激增。1938年人口超过118万,次年上升到124万,以后年年攀升,1943年已超过177万,首次超过了北平市的人口,成为我国人口规模仅次于上海的第二大城市。这个数字还没有包括当时天津市内的外侨人口。据统计1943年的外侨人口有近八万人,如果加上外侨人口的话，当年天津的总人口约在185万人。1944年后随着国际反法西斯战争形势的转变，中国的抗日战争也进入了战略反攻阶段，解放区不断扩大，而日本在天津则加强了殖民掠夺，导致经济衰退，人口纷纷外迁。1944年和1945年两年净迁出人口8万多人，总人口出现回落。但总的来说，抗日战争时期是天津人口增长的又一个重要阶段，1945年人口为172万人，比1937年增长了三分之一多。

这个阶段天津人口迅速增长主要是由战争环境下大量人口迁入造成的。抗战期间，天津周边广大农村地区的人民深受战争之苦，不得安居。"七七事变"爆发后，华北地区的农民大量逃入天津。1938年迁入天津的人口高达41万人，扣除迁出人口，净迁入10多万人。1940年后，日寇连续推行了五次"强化治安活动"，对华北农村进行洗劫式的扫荡、清剿，造成大量人口流离失所。1941年天津的净迁入人口有9万多人，是抗战期间天津净迁入人口第二多的年份。除兵灾、匪灾外，日本的侵略也在经济上加剧了我国华北农村小农经济的危机，导致大量农民无法维持生活，只好背井离乡进城谋生。

频繁发生的自然灾害也加重了农村人口的生存压力。1939年8月华北地区连降暴雨，洪水泛滥成灾，河北农村多被淹没，灾民无数。天津也未能幸免，自8月20日洪水冲入市区到10月初大水退净，市区被水浸泡了一个半月，被淹面积占市区的80%，部分地区浸水二三米深，十多万间民房倒塌，灾民达几十万人。但水灾过后，仍有七万多河北灾民来天津谋生。这些人中虽然许多后来返回了原籍，但滞留未归的人也不在少数。此类因自然灾害所迫来津的难民还有很多。每当华北地区特别是河北省出现灾荒，人民生活无着时，天津往往就成了寻求生路的目标。

与周边农村地区比较，抗战时期的天津市区保持了相对的安宁，经济获得一定的发展。主要原因有两个方面：一是日军在攻陷天津的过程中没有发生特别激烈的战斗，工业受战争破坏的程度较轻。上海在沦陷前，中国军队进行了英勇的抵抗，先后参战的中国军队有70多万，日军花了三个月时间，以死伤五万余人的代价才占领上海。战斗中有2270多家工厂遭到破坏，经济受到严重打击。相比之下，天津的保卫战规模较小，受到破坏的工厂只有53家，经济恢复起来较快；二是为了满足侵略战争的需要，日本迫切希望把华北变成自己的战略物资供应基地，天津作为华北经济的中心，很自然地成为日本重点控制和经营的城市。特别是当中国军民的英勇抗战彻底打破了日本企图迅速占领中国的计划后，日本侵略军不得不改变战争初期洗劫式的经济掠夺策略，转而采取有目的的开发政策，试图把天津的经济体系纳入日本战争经济的统一部署中，把天津建成战争军需品加工制造中心和为日"满"运送战略物资的供应集散中心。为此日本在天津实施了一系列经济开发计划，虽然大多数计划最终并没有实现，但这些计划的实施客观上对天津经济的发展起到了一定的促进作用，使天津的工业生产能力在抗战时期有了很大提高。

日本占领天津期间，新建和扩建了许多工厂，其中机械工业最为突出。日本投降时，天津已有300余家机械厂。一些厂，如华北机械工业公司、华北汽车公司（天津区）、昌和制作所等规模较大，有的工厂的员工已接近千人。1939年，在华北地区的大城市中，青岛与天津的工厂数差不多，工业资本多于天津；但到1942年时，天津的工厂数已经是青岛的1.7倍，工业资本与青岛基本持平。工厂的大量增加必然带来对劳动力需求的增加，后者进而又促进了人口的迁入。

另外，天津租界地相对安全的环境也是抗战初期吸引大量人口迁入的一个重要因素。一些中小城市及乡下的旧官僚、军阀、地主和其他有名望者等都把租界视为寄身之地。英租界1942年的人口有9万多，是1934年的两倍。法租界1943年的人口接近10万，比1936年增加2.6万。这一时期，外侨的数量也急剧增加，从1937年的26437人增至1945年的

101502 人，新增的侨民绝大多数是日本人，1937 年天津日本侨民有 17811 人，1943 年已达 73562 人。

3．抗战胜利至解放前的人口波动

1945 年 8 月日本投降，国民党政府接收天津。10 月 2 日，天津市政府成立。由于以前天津市内长期是华界与租界并存，城市管理不统一，城市规划和市政建设都是各自为政，自成体系，市政府成立后首先对全市的行政区划进行了调整。把市区划分为 10 个行政区，用数字顺序编号为一至十区，同时对市内主要道路重新统一命名，取消日伪统治时期制定的路名，老城区、河北、西头、南市等地恢复旧有街道名称，原日、法租界的道路改用国内各省名称命名，西开和原英租界道路改用国内城市名称命名。另外对"道"和"路"的称谓方法也作了统一规定。道路名称的统一有利于市政管理，也方便了市民生活。1946 年底，鉴于第七区人口超过了 35 万，规模过大，于是就从中拨出一部分设立为第十一区。此后区划没再改动。到解放前夕，天津市区的范围大致是东至大毕庄、东局子、万新庄、贾沽道、张达庄至海河，南以大围堤（旧津浦路支路路基）为界，西沿大围堤越南运河、子牙河至穆家庄，北由穆家庄沿平津公路至霍家嘴，顺普济废河经宜兴埠至大毕庄，大体上相当于现在市内六个中心区的范围，东西宽12.44公里，南北长15.14公里，面积151平方公里。

国民党统治时期改革了户籍管理制度。天津近代的户籍管理和人口统计工作，是从1902年建立警察机构以后开始施行的，一直由警察机关经办。1947年按国民政府内政部的统一要求，天津市的此项工作移交社会局负责。当时天津市内继续推行保甲制度，社会局接管后对保甲进行了整编，以10至30户为一甲，10至30甲为一保，10至30保为一行政区的编制方法，把全市居民编为311保、12501甲。在整编保甲的同时，也增加了户籍管理的内容，以个人为单位登记姓名、性别、出生年月、籍贯、职业、现住址及入住时间等内容，建立口卡。这项新制度的实施，本意是从加强户籍管理、强化社会治安出发的，但客观上对改善人口统计工作，增加人口统计信息，提高人口统计的质量，也有一定的积极作用。

这个时期天津市的人口总量仍然是受迁移的影响。抗战后期人口外迁的过程一直延续到了1946年。由于日伪在投降前的经济掠夺和破坏，以及日本投降后国民党政府接收过程中的混乱，天津的经济出现严重衰退。许多工厂企业停工停产，工人纷纷失业。1945年底，失业工人多达22.9万人，而根据同年12月份天津市社会局的调查统计，当时全市有工厂2855家，工人58万多人，可见失业工人的比例之高。天津市政当局专门成立了失业工人临时救济委员会，以应付这一严峻的社会问题。1946年内战爆发后，天津对外埠的交通受到严重影响，工业生产原料来源减少，产品的销售市场也不断缩小，再加上美国利用特权向中国大量倾销其商品，造成美国货充斥市场，更加剧了国内企业生产的困难。那时的天津是美国向华北倾销商品的重要基地，据统计，在1946年至1948年的三年里，天津市场上的商品中美国货要占一半以上的比重。另外严重的通货膨胀也是造成企业无法正常经营的重要原因。从1945年10月到1947年10月，两年的时间天津物价总指数上涨了200多倍。这样，由于就业机会少，许多人无法在城市继续维持生计，只得另谋生路。而此时的华北解放区通过土地改革，农业生产出现生机，也吸引了那些背井离乡来到城市谋生的农民回流。1946年天津的人口降到了167.7万，与人口最多时的1943年比较，已减少了十多万人。

1947年，随着解放战争形势的变化，国民党政府在华北的统治已面临崩溃的局面。国民党政府从4月开始修建天津城防工程，企图做最后的抵抗。在逐步退守的过程中，大批原分布在华北其他城市的国民党军队及其附属人员聚集到天津,同时也有一些战区的难民逃到城里避难,而迁出人口则显著减少。这样1947年就出现了三万多人的净迁入人口。到了1948年,涌入天津的人口更多。仅上半年就迁入了14万多人,其中来自东北的难民占了很大比重。据当年的《大公报》载,天津东站每日来津的东北难民一天多似一天,扶老携幼的难民每天都有二三百人之多。辽沈战役打响后,涌入天津的东北难民大增。据1948年10月统计,各地来津的难民总数超过了12万人。同时涌进天津的还有大批国民党军队伤兵。1948年天津市人口比上一年猛增20万人,超过了191万,达到了解放前天津人口的最高峰。

天津濒临崩溃的经济根本无法支撑日益庞大的人口,城市中存在着大量的贫民。1948年1月,市社会局根据调查估计,全市需要救济的贫民达30万人,约占总人口的1/6。

六　人口增长的来源

从1404年设卫到1949年初解放这五百多年的时间里，天津人口由最初只有数万人增长到近200万人，城市功能也从最初的军事重镇发展为我国北方最大的港口城市和工商业大都市。这个过程以1860年开埠为界可以分为两个阶段。在开埠前的450多年里，天津缓慢发生着由军事重镇向传统商业城市的转变，在发挥拱卫京师职能的同时，城市商业经济也逐步发展起来。这一阶段的城市经济深受盐业和漕运的影响，特别是漕运造就了天津作为我国北方以粮食和食盐为代表的重要商品集散地和商贸中心的地位。随着城市功能的变化，城市人口构成也由明初主要以军人为主体，逐渐演变为商业和服务业人员占多数。但这一阶段城市人口数量的增长并不算快，明代后期有 10 万多人,开埠前大约是 20 万出头。1860 年前后与天津同一等级的城市在全国数以百计。1860 年开埠后,天津进入了高速发展的阶段。对外贸易的不断扩大使天津摆脱了过去依赖漕运的传统商业发展模式,城市的经济辐射区域成倍扩张。近代工业迅速成长起来,到二十世纪三十年代,天津的工业投资总额已经仅次于上海,居全国第二位。天津成为华北乃至整个北方地区的经济中心。可以说这一阶段是天津从全国众多城市中脱颖而出,城市地位迅速提升的关键时期。

人口数量是反映城市发展水平的重要指标之一。从开埠到 1949 年解放的不到九十年的时间里,天津城市建成区面积增长了四倍,人口增长了九倍。这样高的人口增长速度在中国城市发展史上是少有的。显然这不可能是人口自然繁衍的结果,而主要是由人口迁入造成的。

1. 人口的自然繁衍

人口的自然繁衍也叫自然增长,是指通过生育产生下一代而实现的人口增长。如果一定时期的出生人口多于死亡人口,则总人口会增加;反之,如果出生人口少于死亡人口,总人口就会减少。可见,由自然繁衍导致的人口增长取决于生育水平和死亡水平的高低。如果一个人口是封闭的,换言之,该人口与外界的迁移活动很少,那么其总人口的变化就可以看成是自然增长的结果。比如就一个国家来看,由于国际迁移人口占总人口的比重很低,其人口增长基本上就是靠自然繁衍。但天津城市人口显然不能看成封闭人口,因此要了解天津城市人口自然增长的情况就不能仅依据总人口的变化来估计,必须借助生命统计的资料。遗憾的是,我国虽然很早就有户口统计,但关于出生和死亡情况的生命统计却开展得很晚,最多不过一百年的历史。现在所知的我国最早的死亡定期报告,是上海公共租界从1902年开始发表的死亡统计。1922年北洋政府内务部公布《内务统计查报规则》,提出了对出生人口和死亡人口进行登记的要求,1926年政府卫生部门开始统计死亡人口。1929年国民政府内政部开始实行出生人口统计。天津对死亡人口和出生人口的统计也正是分别从1926年和1929年开始的。在此之前的出生和死亡人口的情况,虽然在一些史籍和家谱资料中也可以发现零星的记载,但要从其中推断出城市人口的生育水平和死亡水平却是几乎不可能的。

对二十世纪二十年代以前天津城市人口的自然增长情况,或许我们可以参照更大区域的人口的增长率做一些简单的估计。比如从1851年到1910年，虽然天津城市人口增长近两倍，但天津县人口增长不到一倍，天津府增长62%，直隶省只增长了38%。区域越大，人口增长率越低。这是因为人口大量向天津城市集中，带动了天津县和天津府的人口增长率远高于直隶全省的人口增长率。人口统计的区域越大，迁入和迁出人口占总人口的比重越低，因此越接近封闭人口。如果我们把直隶省人口增长近似看成自然增长，以全省的人口增长率来估算天津城市人口的增长的话，则因自然增长天津1910年的人口应在30万左右，自然增长了10万人。这一年天津实际的城市人口为60万，另外的30万就应是迁入的移民及其后代了。这样算来，这一时期天津城市自然增长的人口只占人口增加总量的四分之一左右。

实行生命统计制度以后，开始有了天津市历年的出生人口数和死亡人口数的资料，人们可以根据这些数据来观察城市人口自然变动的趋势。但遗憾的是这套资料在数据质量上存在严重的问题，错报漏报很多，无论是出生人数还是死亡人数都严重偏低。先来看出生方面。从1929年到1947年，根据当时政府公布的统计数计算的人口出生率[①]，只有1934年和1935年两年在10‰以上，其他年份均低于10‰，甚至多数年份还低于5‰，这样低的出生率在当时的社会环境下是不可能的。研究中国人口的学者一般都认为，二十世纪三四十年代中国的人口出生率应不会低于30‰，即使城市低于农村，也不会相差悬殊。事实上当时国内其他大城市统计出来的人口出生率都比天津高得多，比如1933年上海为16.2‰，北京为23.9‰，广州为15.2‰，汉口为15.5‰，南京为18.1‰，而天津统计数据只有2.8‰，差别之大令人无法置信。1934年国民政府主计处出版《中国人口问题之统计分析》，认为北京1933年的出生统计数据过低，把人口出生率修正为34‰。天津作为北京的近邻，人口出生率应当相差不多。

人口出生率的高低除了取决于妇女的生育水平外，还和有可能生育的妇女在总人口中所占的比重有关。历史上，天津城市人口中女性的比重较低，换言之，人口性别比，即每100名女性对应的男性人口数量较大。以二十世纪三十年代为例，这十年中人口性别比都在135以上，最高的年份将近180。成年女性中未婚的比例也很高。从1935年至1948年天津城市人口婚姻状况的统计资料看，16岁及16岁以上女性人口中未婚者的比重基本上是在20%左右波动。1939年天津女性人口的平均结婚年龄为22.5岁，当年结婚的妇女中，21岁以前结婚的占42.2%，21岁至25岁结婚的占36.4%，另外21.4%的人是在26岁以后才结婚的。这样的结婚年龄在当时的社会应算相当晚的了。男性结婚更晚,21岁以前结婚的只有11%,21岁至25岁结婚的占32.9%,将近三分之二的男性是在26岁以后结婚的,平均结婚年龄为27.9岁,即使以今天的标准看,也完全可以称之晚婚了。当时一项对全国农村人口结婚情况所做的抽样调查发现,1929年至1931年间我国农村女性的平均结婚年龄约为18.5岁,男性为22.2岁。把这一结果与天津的情况作一比较,我们对天津三十年代时的晚婚现象就会有更深刻的印象。由于资料的缺乏,我们对更早的时期天津城市人口的结婚情况难以推断,但根据天津工商业城市的性质和移民占人口比重高的特点来分析,结婚相对较晚可能是天津近代城市人口一贯的传统。由于结婚晚,加上性别比高,天津近代人口的出生率在国内也可能是相对低的。

再来看人口死亡率[②]的情况。史籍中关于死亡人口的记载很多,自然灾害、瘟疫、战争都会造成大量人口死亡。天津位于九河下梢,历来遭受水灾之苦最多。从明永乐二年(1404年)天津设卫筑城到1948年天津解放前的544年间,有记载的水灾就有72次,平均7.5年一次,天津城多次被水淹泡。而每次水灾过后,往往就会有瘟疫流行。天津经历的战乱也很多,对死亡率的影响同样值得关注。从史料上看,造成天津城市人口损失最大的两次天灾人祸,可能要算明末崇祯年间天津爆发的肺鼠疫和1900年"八国联军"在天津进行的大屠杀和大洗劫,这两次劫难都使当时的天津城市人口锐减。

与出生人口的变化相对和缓不同,死亡人口的变化往往是急剧的,因此根据零星的记载很难估算长期的人口死亡率变化。天津系列的死亡人口统计是从1926年开始的,但与出生人口统计一样,也存在严重的遗漏问题。从1926年到1948年根据死亡统计资料计算的天津人口死亡率在1937年前后变化很大,1937年以前基本是在10‰以上,最高值是1935年的18.3‰;1937年以后除1943年超过10‰外,其他年份都低于10‰,最低值是1945年的4.9‰。以当时的卫生条件、医疗技术和经济发展水平衡量,这样低的死亡率显然是不现实的。况且当时天津还处在战争环境当中,并发生过多次大的自然灾害。特别是1939年遭遇的历史罕见的大水灾,导致城市中大量房屋倒塌,被水淹没的街道浊流中,浮尸比比皆是。在这样的生存环境下,人口的死亡率是很难下降的。据1927年日本人编写的《天津概要》资料计算,1917年至1926年在天津的日本人的死亡率处在17.5‰至27.1‰之间。以生存环境和生活条件看,当时国人的死亡率只会比日本人更高,很可能在30‰以上。

考察人口的死因分布也有助于对死亡率水平做出更合理的

估计。比较下表中列出的三个年份天津市人口死亡的前十位死因，可以发现不同年份中尽管死因的排序有一些变化，但前十位死因的种类基本没变。痨病、老衰及中风、肠胃病是最主要的死因，因这三种病因死亡者占到总死亡人口的 2/3 以上。因呼吸系统疾病致死的人口比重也较高。这些疾病的成因往往与营养不良、恶劣的卫生条件和超强度的劳动对人体的损伤有关。天津城市在发展过程中，贫民问题一直比较严重。长期以来，各种原因产生的灾民、难民构成了城市移民的一个重要来源，许多时候涌入的难民规模可以用数十万计。虽然历代统治者都比较重视对这些人口的救济，倡办了一些专事救济的公益事业，如清代城市中建立的大量义仓等，但要改变贫民的生活条件，这些措施不过是杯水车薪。到了近代以后，由于资本主义的侵入，城市无产者的队伍不断扩大，大批失业工人滑入城市贫民的行列。天津市政府社会局估计，1928 年城市贫民有 10 万人，占全市人口的 1/10；到 1947 年底增至 30 万，占全市人口的 1/6。贫民的生活环境非常恶劣。贫民窟里是一片低矮阴湿的窝棚，人口密度高，生活设施差。据解放前的一些调查资料反映，天津贫民窟的居民大多饮用的是坑水或咸井水，根本达不到卫生标准。区内缺乏下水道设备，污水沟随处可见。人生活在这样的环境中，再加上食品不良，极易患上各种

消化系统和呼吸系统的疾病,以及各种流行病。

产褥病也位居前十位死因之列,说明孕产妇的死亡非常严重。在长期的封建社会中,我国妇女生育完全受风俗和经验控制。即使在城市,妇女分娩也是采取土法接生,由靠经验行事的接生婆担任,所用器械和消毒方法非常简单,产妇很容易发生产后感染。直至天津解放前夕,虽然工商业经济已有相当程度的发展,现代医疗卫生事业也开始起步,但在生殖保健方面几乎仍是一片空白,正式的助产士可谓凤毛麟角。这种情况不仅使妇女生育如同过鬼门关,孕产妇的死亡率很高,更导致出生婴儿成活率低。在国民政府内务部1938年编印的《卫生统计》资料中,1934年北京市的婴儿死亡率[③]为126.2‰,南京市为122.6‰,天津市的资料没有记载,估计也应与前两个城市水平相当。实际上这两个城市的数据也有低估之嫌,当时一些人口学者的调查曾发现,某些大城市婴儿死亡率超过180‰。天津实际如何,现已不得而知,但婴儿死亡率高应是毋庸置疑的。

传染病是历史上天津城市人口死亡的重要原因,但从下表中我们却没有看到传染病问题的严重性,只有1931年时伤寒或类伤寒进入了十大死因之列。这可能有几种解释:一是传染病致死的人数没有得到正确统计,或许是当局有意为之,或许

六 人口增长的来源

是因为传染病的病因不明,统计中按症状表现归到了别的病因中;二是到二十世纪三十年代后,天津的传染病得到一定控制,致死的情况大量减少了。从相关的史料上看,前一种解释可能更符合实际。1937年天津流行赤痢病,有数以千计的人口死亡。1935年天花流行,致死的儿童超过两千。再往前看,1907年麻疹和猩红热在天津相继发生,夺走了许多人的生命。1900年鼠疫流行造成很多人死亡。史料记载的最有名的例子还是崇祯十七年(1644年)天津爆发的肺鼠疫,据学者估计,当时天津城市人口中可能有半数罹难。

1931年、1939年和1947年
天津市人口死亡的主要原因

顺序	1931年 死亡原因	比重(%)	1939年 死亡原因	比重(%)	1947年 死亡原因	比重(%)
1	其他痨病	25.1	老衰及中风	31.1	肺痨	33.3
2	老衰及中风	21.1	其他痨病	19.6	老衰及中风	25.4
3	肺痨	11.0	其他原因	14.5	肠胃病	11.3
4	肠胃病	9.6	抽风症	8.4	其他痨病	6.5
5	呼吸系统	9.6	肺痨	7.0	心肾病	4.4
6	其他原因	5.4	呼吸系统	5.1	呼吸系统	3.8
7	发热及发疹	5.1	产褥病	2.9	产褥病	3.6
8	产褥病	3.0	肠胃病	2.7	抽风症	3.3

顺序	1931年 死亡原因	比重(%)	1939年 死亡原因	比重(%)	1947年 死亡原因	比重(%)
9	抽风症	1.9	发热及发疹	2.3	腹泻及肠炎	3.2
10	伤寒或类伤寒	1.4	腹泻及肠炎	1.5	发热及发疹	1.8
	合计	93.2	合计	95.1	合计	96.6

1936年天津市与天津县的划界最终完成，此后到解放前天津市边界基本稳定。从1936年到1947年天津城市人口从125万增加到171万，增长46万。按照解放前天津市政府公布的各年的出生人数和死亡人数计算，1937年至1947年间天津共出生74874人，死亡100930人，出生比死亡少26056人，人口自然增长为负数。如果人口负增长情况属实的话，则同期天津的净迁入人口应达到48万多人。但根据当时的迁移统计资料计算，这一期间天津共迁入人口208万，迁出186万，净迁入只有22万。显然如果迁移资料可信的话，把这一时期天津城市人口的增长完全归因于迁移也是不正确的。根据以上我们对天津人口出生率和死亡率的分析，人口自然增长的统计误差较大，负增长的结果可能不切实际。李竞能教授主编的《天津人口史》书中运用间接估计方法，估算那时的天津人口出生率应在50‰左右，如果假设人口死亡率在40‰左右，即自然增长率为10‰左右的话，则1937年至1947年自然增

长的人口约有 14 万，占总增加人口的三成左右。

2. 移　　民

  移民迁入是天津城市人口增长的主要源泉。史料上称"天津户籍最早者，大率由永乐迁来"。在天津设卫建城时，虽然三岔河口一带已经有了不少的原居民，但天津城人口的主体无疑还是从不同地方调守来的官、军。整个明代先后发生过多次大规模的向天津调兵的行动。清代，卫所不再肩负军事戍守的职能后，这些原军人和他们的家属就都成了天津的普通居民。由于明末天津人口损失巨大，清初，政府采取了许多措施招抚人口，还从江南招募人口来津屯田。这些属于政府组织的移民，主要发生在卫所时期。

  更多的移民是自发迁来的。在早期的自发移民中，商人是很重要的一类人。天津作为漕运线上的重要城市，商业一向发达，因而也成为各地商人的聚集地。明代时，东南沿海地区来的商人在天津就已形成规模。到清代，各地来津商人又有增加。《天津政俗沿革记》记载："逮清初以水路通五方杂会，维时以商贾官幕，初或侨居于此，数世之后，子孙孳息，而户口始密如也。"清代中期，各地来津的商人已是帮派林立，建立的地方会馆多达数十家。道光、咸丰年间形成的天津"八大家"基本都是移民的后代，他们的先人大多是在清初迁入天津的。1846年的《津门保甲图说》记载当时天津城厢近二十万人口中，直接经商者就有一半以上，这些人中外来户当占很大的比重。迁移来津以其他各种方式谋生的人还有很多，他们或者受雇于他人，充当"应役"或"佣作"，或者自谋生计，比如种植、捕鱼等。明清时期，在今天津市区的范围里不断出现由移民形成的新的村落。随着市区的扩大，这些村落的移民逐渐就计入到城市人口之中。

　　开埠以后，迁入人口的规模迅速扩大。随着交通的改善，特别是众多铁路的相继建成，天津与全国各地的人员往来更加频繁。尤其是天津作为华北人口外迁东北的中继站，滞留了很多闯关东途中的流动人口，他们中的一些人在天津找到谋生之路后就没有再走。1948年前后受东北战事的影响，关外人口又大量回流，天津仍然是他们入关后落脚的第一站，导致当年的天津城市人口猛增。开埠后移民来津从事的职业也较过去更加广泛，除传统的经商和从事手工业外，近代产业工人成为一种迅速成长的职业。天津产业工人的人数由十九世纪末的一万余人急剧增加到1945年底的近60万人。这些产业工人的主要来源是天津周围农村的农民,也有一部分来自南方地区。

还有一类移民是因家乡遭灾而被迫流入天津的。由于城市的谋生机会较多,而且还可能为灾民提供一点救济,因此每当灾情发生,灾民走投无路时,总是希望进城寻求生机。历史上,天津及周边地区自然灾害非常频繁,尤其是水灾对人民生活的影响最大。清代天津地区发生过多次有名的大水灾,如雍正十年(1732年)、嘉庆六年(1801年)、同治十年(1871年)等年份的灾情在史料中都有较详细的记载。水灾发生后,灾民常常是一无所有,不得不扶老携幼去逃难,这个时候天津城市就成了灾民的避难所。大量灾民涌入城市,造成城市人口迅速增长。进入二十世纪后水灾仍然时有发生,1917年的水灾中,天津日租界的旭街(今和平路)积水达一米深。再往后有名的大水灾当属1939年的那场大水了,今天上了年纪的天津人对这场浸泡市区达一个半月的水灾仍然是记忆犹新。市区如此,周围农村的灾情可想而知。除上面提到的这些天灾外,人为的兵灾也促使很多人迁入天津避难。这种情况在二十世纪上半叶比较常见,比如在1912年北京兵乱,二十年代初军阀混战,抗日战争和解放战争时期,都有大量人口迁入天津。

天津移民城市的性质在人口的籍贯上有充分的反映。明初调守天津的官、军来自全国各地。天津三卫的官籍名册显示,

来自南方省区的人口占官籍人口的绝大多数。309名军官的原籍分布在15个省份，其中原籍安徽省和江苏省的最多，占45%，其次是山东省和河北省，占30%。清代前期的天津人口也主要由移民构成。"津邑居民，自顺治以来，由各省迁来者，约十之八七"。康熙时，天津"军民商贾虽云杂沓，屈指版图，土著仅什之二犹歉"。移民竟占了当时天津城市居民的八成多。有学者统计了《天津县志》、《续天津县志》和《天津县新志》中记载的66名清初迁徙来津者的原籍，发现来自江苏、浙江、安徽、福建、广西、江西等南方地区的人超过一半，一定程度上保持了明初移民以来自南方者居多的传统。

到近代以后，情况发生了根本性变化。随着近代工业的兴起，产业工人队伍不断壮大。由于这些产业工人中来自天津周边地区的农民比重越来越大，河北、山东等距离较近的省区逐渐取代南方地区，成为移民的主要来源，但南方来的移民在技术工人中仍然占有较大的比重。南方特别是东南沿海地区近代工业的发展比天津早，在人才方面具有一定优势，因此天津的许多企业在兴办初期往往会从南方招募技术工人。比如天津机器局，"所雇华匠，皆是香港等洋厂募来"。大沽船坞在创办初期，也从福建、广东、宁波等地招来了部分技术工人。这种从外地招募工人的风气在以后天津民族工业的发展中一直比较流行。天津纺织工业初建时,各大纱厂就纷纷到南方招募熟练工人和技术工人。1917年底,裕元纱厂"以上海招来熟练的纺织男工百余名,开始开工"。华新公司天津纱厂1918年开办时,"北方风气初开,熟手工人甚少,不得不多招南方工人"。天津模范纱厂的工人也"不是在天津招募,而是全部在离天津三十至五十里的津浦、京奉铁路附近的村落里招来的,全部住在宿舍里"。30年代初,天津华新、裕元和恒源三大纱厂的3399名工人中,天津籍仅占23.78%。

外地籍工人比例高的原因,当然不单纯是因为天津本地熟手工人少的缘故,与企业主的经营习惯也有很大的关系。天津民族工商业的资本来源非常广泛,据1941年和1942年天津工商业一百多个同业工会的不完全统计,天津大大小小企业的投资人中,天津籍的约占1/3,外地籍的占2/3,其中河北籍最多,占外地籍人数的一半以上,其次是山东籍。各地来的投资人在招工时往往喜欢使用同乡,有的还专门到家乡招募。靠同乡、亲戚和朋友介绍工作是最常见的方式,由此形成雇主与雇工之间、先来的雇工与后来的雇工之间普遍的同乡关系,很多企业甚至由清一色的同乡组成。即使本地业主,有时也愿意使用从外地招的工人,特别是使用外地童工做学徒,这样可以节省工钱。由于这些复杂的原因,天津工人中外地籍的比重一直很高。根据1929年天津市政府所做的工业调查，在地毯、纺纱、针织、织布四个行业的工人中，河北籍的占近六成，天津本地籍的只占两成，另外山东、河南籍的各占一成左右。外地籍工人的大量增加必然会导致总人口中外来者比重的提高。

当然，招募工人只是人口迁入的方式之一，外来工人并非迁入人口的全部。天津总人口的籍贯分布与工人的情况会有差异。根据日伪统治时期天津市警察局的统计，1937年全市居民中属天津本地籍的人口占41.6%，外地籍人口占58.4%，其中河北省籍占41.9%，山东省籍占10.1%。实际上本地籍人口如果继续往上追溯的话，很可能不出几代也就成了外地籍了，这些人属于移民的后代，真正的本地人其实要比籍贯反映的少得多。可见移民在天津城市人口增长中的作用。根据1947年天津市警察局的统计资料计算，当年总人口中，天津本地籍的人口占40.1%，外地籍人口占59.9%，其中河北省籍占47.0%，山东省籍占8.4%。与十年前比较，天津本地籍的人口比重下降，河北省籍的比重显著上升，这说明十年间来自河北的移民数量的增长速度要快于天津城市总人口的增长速度。

移民中还包括了一些少数民族，其中以回族人数最多。关于回民来津的过程，说法不一，但一般认为，回民迁徙来津开始于元朝。一说是，康国军曾在直沽海口屯种，按元制就地编民入社。另据金家窑清真寺碑文记载，元时有安徽的安庄回回因漕运粮食来津，在三岔河口金家窑附近驻留，并把伊斯兰教带到天津，每逢斋日，搭棚做礼拜。明代时迁入天津的回民数量增大，并在城厢内外形成了多处回民的聚集区。明初，明成祖曾下令迁徙南京、苏州、浙江等十郡九省富民充实北京，许多江南的回族富民迁到北方。作为今天天津回族大姓的穆氏就是在这个过程中，从浙江杭州北上，辗转落户到天津，形成穆家庄的。另有一说是，天津穆姓的先祖穆重和，原籍浙江钱塘县，明永乐年间随燕王朱棣北来，驻兵于天津北乡一小村，后在此落户繁衍，形成穆家庄。临近穆家庄的天齐庙村也是回族的聚集地。该村人口以周姓和单姓为主，他们的先祖于明嘉靖年间从河南迁来此地落户。这两个地方的回民，最初主要以农业和渔业为生，后来一些人转而从事商业和手工业，移居到市内。其中，穆家庄的一支落户在城关西北角一带。那里还居住了很多从事船运的回民，他们多是明代从南方的安徽、河南、湖北等地顺运河北上而来的。清代，又有山东德县、临清和河北保定、易县等地的回民陆续迁到天津落户，使天津回民的人数进一步增加。到清末时，大红桥南北聚居的回民已达到相当大的规模。光绪十年，天津县回民超过了六千户。1928年天津设特别市后，市内五区的回民有26446人。1937年调查时，市区内回民人口进一步上升到37513人。除回族外，满族、蒙古族等其他少数民族在清代以后也陆续有人迁入天津，但规模要小得多。

以上谈到的移民都是指正式办理了户籍变更手续的那些人。其实流入天津的人口中还有很多是没有办理定居手续，只是暂时逗留的人，即通常所说的流动人口。他们不算天津的户籍人口，但实际在天津生活过。与此相反，另有一些人虽然户籍在天津，可实际长期生活在外地。由日本中国驻屯军司令部于1909年编印的《二十世纪初的天津概况》中就说到了这两类人口，"在天津有户籍而没有住家，于每年春季向各地外出做活挣钱，到初冬回津租房过年的，约有三万人。另外，从山东、河南、山西、陕西以及其他各省，在每年春季为了做工而来津，冬季又因河流结冰而回省的，也不下三四万人"。历史上，天津此类流动人口究竟有多少，因缺少资料很难估计，但一般地说，迁移人口往往从流动人口中产生，流动人口在天津找到可长期依赖的生路后定居下来，就变成正式移民。就这层关系判断，流动人口的数量肯定比正式移民要多得多。官方正式统计流动人口是从1934年开始的，从那时起到1948年天津解放前夕为止，15年间，流入天津的人次有389万之多，同时流出人次也有325万,年均流入流出47万人次。流入总人次比流出总人次多64万,说明滞留在天津的流动人口是比较多的。

流动人口以单身男性为主,除一部分商贩外,绝大多数是周边地区的农民。他们农闲时来津打工,农忙时回乡务农。在津的主要工作包括建筑、搬运、街道清扫、收购杂物等,女性则有部分是做女佣。

3. 城区的扩展

城市人口增加的第三条途径是随着城市的发展,不断有近郊地区连同所属的居民划入城区的范围。在1934年天津市、县划界之前,城市市区的范围是随建成区的扩大而变化的。天津卫城初建时,城市面积仅1.64平方公里,以后随城市的发展逐步向四周扩张,1840年增至9.4平方公里,清末1911年达到16.2平方公里。北洋政府时期,由于河北新市区初步建成,直隶省和天津市的许多官署、学校和工厂都集中到这里,加上各国租界地建设加快,天津城市建成区急剧扩大,1928年的面积已达36.2平方公里,十几年里扩大了一倍多。1934

年和1936年两次市、县划界后，天津城市的边界开始明确，城市面积以边界内的实际面积计算，不再以建成区或警察机构实际管辖区来衡量。1936年城市面积达到147.8平方公里，此时的建成区只占其中的一小部分。随着城区的扩张，不断有新区的人口计入城市人口统计范围。总的来说，这是一个自然演变的过程，但有时也会通过行政区划的调整来实现。比如，从1928年天津设市至1936年划定边界为止的这段时间，在区划调整中新划入天津的人口就有14万人之多。

在城市扩张过程中，城市繁华区面积也逐渐扩大，一方面原来的繁华区向外蔓延，另一方面又不断有新的繁华区形成。城市人口分布因此而发生改变。众所周知，明清两代，天津城主要是官署所在地，是政治和军事中心，城市经济的发展主要是在城外。大量城市人口分布在城外，城内人口的数量相对稳定。"所有富商大贾，百货居集，均在城外"。沿河发展是天津城市历史的特点。明代时，商业中心主要在城东，包括宫南、宫北大街等。清代康熙时，由于钞关移至北门外南运河畔，运河商船和从东南沿海驶来的海船都要到这里验关纳税，使这一带商贾云集，商业贸易迅速兴旺发展起来。河北大街、估衣街、竹竿巷、针市街、锅店街、侯家后等地在二十世纪以前一直是天津最繁华的商业区，人口也最为密集。1900年后，天津城墙被拆除，中心商业区开始向东南迁移，形成以旧城东北角为中心，沿北马路、东马路和大胡同三条街延伸的新的商业中心。靠近日本租界的南市一带在1900年前因地势低，水洼多，少有人口居住。拆城墙后，这里经填土垫高，大兴土木，逐渐繁荣起来，1922年以后，东北角中心商业区又南移到这里。

民国时期，由于军阀混战，社会秩序混乱，溃兵洗劫商店的事时有发生，为求安全，商家纷纷迁入租界。众多达官贵人、富有阶层也把租界视为比较安全的栖身之地。租界地人口因此大增，商业活动活跃起来。法国租界最为突出，从1921年到1930年，法租界人口由4745人猛增至52724人，激增了十倍，到1936年又再增长36.8%，超过了七万人。二十年代，随着一批大型综合商业设施的兴建，法租界逐渐成为天津新的商业中心。这里商店、旅馆、饭庄、银行高度密集，如1922年建成的国民饭店，1925年建筑的浙江兴业银行，1928年建造的劝业场和惠中饭店等，使这一地区高楼耸立，至今仍是天津有名的建筑景观区。1926年建造的万国桥（今解放桥）把中街（今解放北路）与火车站连接起来，有轨电车从这里经过新旧商业区，可直达旧城北门外，交通非常方便。商业发达，人口集中，娱乐服务设施也随之建立起来，影剧院、舞厅、赌场比比皆是。时人把法租界号称为"天津的小巴黎"。1931年"九一八"事变后,商业由华界迁入租界的趋势进一步加强。除法租界继续保持繁荣外,日租界也日益繁华起来。旭街(今和平路从东南角到锦州道一段)上商店林立,娱乐场所集中。

中心商业区的南移和河北新市区的开发,在扩大城市建成区面积的同时,也改变了以往天津人口高度集中在城厢地区的分布格局。由于缺乏系统的资料,我们不能定量地描述历史上天津城区人口分布的长期变化,但通过比较今天市内六区历史上道路建设和里巷的增加情况,可以对各区人口在不同历史时期的增长过程形成大概的印象。一般地说,道路和里巷的数量是和人口聚集程度有关的,人口聚集程度高,人口数量大,道路和里巷的数量相应也多。在下表中,我们可以看到,直至开埠以前,天津城市的道路建设主要集中在红桥和南开两区,这两个区建成的道路共有42条,占六区当时全部道路的近八成。这是因为南开区包含了当时的天津旧城及东门外商业区,红桥区则拥有旧城北门外商业区,这两块地方都是当时天津的繁华区,人口聚集程度高。相应地,两区里巷数量也很多,合计有340条,占六区当时全部里巷数的70%。河东、河西、和平三个区道路和里巷都很少,说明聚居的人口少。河北区情况比较特殊，里巷数较多，但建成的道路很少，这可能是因为当时与旧城相对的海河东岸和大悲院一带人口聚集已成相当规模，但由于不是商业区，道路建设落后。大悲院始建于清顺治十五年（1658年），康熙八年（1669年）重修并扩建。之所以选址在这里，应该与人口较多有关。

从开埠到清末，南开、红桥两区新建道路仍保持稳步增长，新增里巷数翻了一番，说明老城厢地区依然是这一阶段人口增长最多的地方，传统商业中心的地位没有改变。只是因为交通条件已有一定的基础，新建的道路不如其他地区增幅大。相反河北、和平、河东三个区因为原有基础差，道路建设呈现出突飞猛进的发展。特别是河北区，由于袁世凯开辟新市区，这一时期的道路建设成绩突出，仅1900年至1909年的十年间就新建了41条道路，占了1949年以前该区全部道路的一半。河东、和平两区因租界地建设加快的缘故，这一时期建成的道路也是各个时期中最多的。在里巷方面，河北区共新增224条，说明人口增长较快。河东、和平也有一定的增长。

1910年以后，和平、河东两区的道路和里巷数增长明显加快，特别是在二十年代，这两个区新增的里巷数占了全市的一半以上，新建道路数占了全市的70%。显然这与该时期租界区人口迅速增加、法租界成为天津新的商业中心的变化是一致的。与此形成对照的是,由于商业中心南移,老城区在1920年以后的发展陷入了停滞状态。

综合来说,今天天津市内六区中,南开、红桥两个区因为是老城厢的所在地,历史上人口一直较多。在民国以前,中心商业区都在这两个区内,相应地,天津城市人口也主要分布在这两个区中。河北、和平、河东三个区基本上是在二十世纪以后发展起来的。今天人口密度最高的和平区在二十世纪以前,聚居的人口一直很少。甚至到了二十年代法、日租界成长为新的中心商业区后,和平区的人口密度也还无法与老城区相比。以1930年的统计为例,范围包括旧城一部分,如宫南、宫北、东马路等地的第一区,人口密度高达每平方公里54370人,而当时法租界的人口密度只有每平方公里28270人。河西区是六区中发展最晚的,直到天津解放前,河西区的人口仍比较少。

天津市内六区不同历史时期新建道路和新增里巷数量统计　　单位:条

		1403—1859	1860—1909	1910—1949	合计
红桥	道路	22	22	35	79
	里巷	192	398	391	981
南开	道路	20	17	30	67
	里巷	148	272	445	865

		1403—1859	1860—1909	1910—1949	合计
河北	道路	2	52	26	80
	里巷	112	224	485	821
和平	道路	2	46	94	142
	里巷	10	92	652	754
河东	道路	4	29	53	86
	里巷	5	95	598	698
河西	道路	4	10	28	42
	里巷	18	40	131	189
合计	道路	54	176	266	496
	里巷	485	1121	2702	4308

资料来源：根据高艳林著《天津人口研究（1404—1949）》（天津人民出版社2002年版，第90页）资料整理。

注：

①人口出生率是指一定时期（通常为一年）内活产婴儿数与该时期内总人口的生存人年数之比，通常用千分数表示，简单地说，即一年内平均每千人中出生的活产婴儿数。

②人口死亡率是指一定时期（通常为一年）内死亡人数与该时期的平均人口数之比，通常也以千分数表示。

③婴儿死亡率是指一定时期出生的婴儿中未满一周岁死亡的比例，通常用千分数表示。

七 人口结构的变化

城市人口的发展不仅仅是人口数量的增长,也包括人口结构各方面的变化。人口结构其实是社会经济结构的反映。城市的性质和发展水平决定了城市人口工作活动的内容、城市社会生活与文化等方面的特点等。卫所时期的天津人口与近代已成为工商业大都市时期的天津人口,无论是在职业、受教育状况,还是家庭生活等方面都会有明显的不同。观察人口结构及其变化,是了解一个城市基本情况的最便捷途径。天津历史上是一个移民城市,移民的特点会反映在城市人口结构上,包括年龄、性别的构成等。认识这些特点,无疑有助于我们对天津建城以来的发展有更深入的了解。

1. 年龄性别结构

在我国，现代意义上的人口调查是直到二十世纪才出现的。在此以前，我国虽然有户口统计，但史籍中极少有关于人口年龄情况的记载。天津的情况也是如此。我们现在对天津历史上人口的年龄分布还知之甚少，只能做一些粗略的判断。首先，由于历史上人口死亡率高，人口的平均寿命短，老年人在人口中的比重应该较低；其次，鉴于自设卫建城到1949年初解放的五百多年里，移民一直是天津人口增长的主要来源，从这一点判断，天津城市人口中青壮年人口应该占有很大的比重，因为一般说来，青壮年人口迁移的可能性是最高的，是迁移人口的主体。特别是在为谋生而迁移的移民中，青壮年更是占绝大多数。

近代以来，随着产业工人队伍的扩大，青壮年人口在总人口中的比重很可能呈上升趋势。这是近代天津人口年龄构成方面的一个重要特点。天津近代产业工人的来源主要是通过招工、应聘等途径从华北各地农村迁来的农民，这些人往往是单身而来，不携带家属。少量有家属的，也是若干年后生活稳定了才从农村接来的。产业工人中还有相当比例的是童工。根据二十世纪二三十年代有关的社会调查，天津民资企业使用童工是相当普遍的，一般企业中童工占工人总数的比例，通常会在20%以上。天津市政府社会局1933年调查，全市工业企业雇佣的童工共有8353人，占工人总数的22.8%。尤其在中小企业中，童工的使用率更高，有的企业中童工甚至成了主要劳动力。之所以大量雇佣童工，主要有两个原因：一是成本低，二是好管理。童工进厂时一般都是学徒身份，雇主对他们通常是只管食宿不给工资。一些企业出于节省工资支出的考虑经常把童工作为一种非常廉价的劳动力招进，待学徒期满后便予以辞退，再接着招新童工。而且雇主与所招童工之间签订的合同通常也是对雇主有利，雇主可以辞退童工，而童工在学徒期间一般不得擅自离开企业。因为有诸如此类的种种好处，在一些竞争性强的行业中，雇佣童工成为一种风气。企业主都竞相雇佣童工，以提高自己的竞争优势。据1929年的统计，天津针织行业工人中学徒工占到了72%，织布业中占65%。1933年调查，机器制造业和金属品制造业中，童工的比例也高达60%。

童工的普遍使用，促使大量十几岁的农村青少年来到城市，导致天津这个年龄组的人口激增。这一点在当年的人口统计资料中可以得到很好的印证。自1935年天津开始有详细的分年龄人口统计资料以后的十几年里,11-20岁这个年龄组的人口占总人口的比重一直偏高,并有逐渐提高的趋势,1935年最低,为20.1%,1945年最高,为25.1%。这一现象从人口自然变动的角度是无法解释的,显然是由11-20岁人口迁入量大造成的,而这正是普遍使用童工的结果。

在下面的表中我们可以看到,1935年和1945年的天津城市人口如果分成10岁一组(0岁另计)的话,都以11-20岁年龄组的人数最多,特别是1945年表现得更加明显;其次是21-30岁组。这两组人口合在一起要占总人口的40%以上。30岁以上人口逐渐减少,60岁以上人口约占总人口的5%~6%,这个比例是比较低的。

1935年和1945年天津人口的年龄构成和性别构成

年龄分组（岁）	1935年		1945年	
	比重（%）	性别比	比重（%）	性别比
0	1.6	115.0	1.6	134.04
1-10	16.5	108.1	15.1	114.0
11-20	20.1	142.9	25.1	139.7
21-30	19.9	163.5	17.2	157.8
31-40	16.4	157.0	15.8	153.4

年龄分组（岁）	1935 年		1945 年	
	比重（%）	性别比	比重（%）	性别比
41－50	11.7	129.2	12.8	159.6
51－60	8.2	133.7	7.3	125.61
61 以上	5.6	120.6	5.1	165.7
合计	100.0	137.9	100.0	142.8

上表中还显示了人口性别结构的情况，以性别比（每 100 名女性所对应的男性人数）来表示。可以看出总人口的性别比是相当高的，男性要比女性多 40% 左右。性别比高也是天津历史人口的特点之一，从以前的人口资料中我们也可以找到一些佐证。根据《天津县志》所载的有关数字推算，1903 年至 1906 年天津城市人口性别比平均在 149 左右，比上表中显示的数值更大。性别比高同样与移民占总人口的比重大有关。因为迁移，特别是经济原因的迁移也以男性为主，女性更多是以家属身份迁入的。在上表中，分年龄组看，低龄组人口的性别比相对较低，因为这部分人口中移民的比例最小，他们的性别比主要由出生时男女婴儿的多寡来决定，一般情况下是男婴稍多于女婴。当然表中的两个年份 0 岁的性别比差距很大，特别是 1945 年的性别比过高也是不正常的，这可能是由统计资料

质量不高，女婴比男婴漏报更严重造成的。11岁以上性别比急剧上升，大大超过出生时的性别比，移民中男性人口多于女性人口应该是最主要的原因了。

　　从农村迁入城市的青壮年移民中男性的比例比女性高，主要有两方面的原因。一方面，天津周围的农村，传统上女人很少外出劳动，她们主要是操持家务，从事家庭手工业或其他副业。受封建保守的传统观念束缚，女性除非迫不得已是不愿外出打工的；另一方面，天津解放前的企业也很少雇佣女工。二三十年代，天津民资企业不论规模大小，都很少用女工。1929年调查时，全市民资企业雇佣的工人中，女工仅占5.4%，1933年调查时上升到6.3%，比例都是非常低的。有的行业甚至完全没有女工，如机器业、金属品制造业、竹木工业、化学工业等。食品行业中女工也是寥寥无几。今天以女工为主的棉纺织业，那时使用的女工也不多。据1929年调查，天津各纱厂中，女工的比例约在18%，而当时上海的纱厂，女工已成绝对多数，占四分之三左右。1930年对28个城市纺织工人的统计表明，华中、华南地区使用女工的比例较高。在江浙一带，女工一般超过半数，上海更是超过70%；华北城市则普遍较低，青岛纺织业中女工甚至仅占6.4%，比天津更低。可见南北地区纺织业在用工上的差异之大。三十年代后期，由外资企业带头，天津工厂雇佣女工的数量有所增加。两家外资烟草工厂雇佣女工人数超过了男工。六大纱厂相继被日本工业财团和国内银行团接管后，也开始注重招收女工。北洋纱厂的女工数到1938年已接近工人总数的一半。但大多数企业并没有改变很少用女工的做法。1938年，358家统计资料比较完整的天津企业统计，女工的比例为23.7%，虽较十年前有明显提高，但仍然属于低比例。

由于工业企业是近代天津城市吸收外来人口最多的部门，企业雇佣女工比例低必然会限制女性的迁入，扩大城市中青壮年人口的性别不平衡。这种情况在天津解放前一直没有发生根本的变化。

2．职业结构

伴随商业的发展以及开埠后近代工业的成长，天津城市的性质和人口的职业构成也发生了巨大变化。建城初期，天津作为军事重镇，军人在总人口中比例很大。非军队人口则靠经商和从事为漕运服务的工作谋生，包括做水手、脚夫、装卸和造船等。到了清代，天津城市的军事性质逐渐淡化，商业功能加强,人口中商人的数量不断增加,到清代中期已占据了天津城市总人口的一半以上。根据前文中介绍过的《津门保甲图说》的记载,那时天津城厢地区的住户中有53%是"铺户"和"负贩",9.4%是"应役"和"佣作",其他单列的职业还有绅衿、盐商、船户、僧道、乞丐、医卜等。

开埠后,随着经济快速发展,天津城市人口激增。社会中的职业越来越多,旧的职业发生分化,新的职业大量涌现,相应地,人口的职业构成也越来越复杂。以商人为例,除了传统的铺户和负贩外,伴随商业经营内容的专业化,形式和手段的多样化,涌现出许多新型的商人,如洋行职员、买办、批发商人、拍卖师、商业公司职员等。城市人口增多必然促进大众服务业的发达,旅店、饭馆、茶园、澡堂、人力车行等在十九世纪后期开始大量出现,服务业从业人员分工更细,数量也迅速增加。跑堂、客栈接客、洗衣业者、人力车夫、马车夫、汲水夫、挑水夫、脚夫、搬运工、清道夫、理发匠、磨刀匠等新老工种都吸收了很多就业者。手工业者更是种类繁多,不断分化的技术工种不可尽列,如木工、泥水工、筑匠、石匠、铁匠、皮工、染工、筛工、磨工、缝工、油漆匠、扎彩工、印刷工、刻字工、绣花工等等,若按产品分类,则有靴工、制车匠、制刀工、暖炉工、香油工、蜡烛工、糕饼工、弹花匠、洋服工、爆竹工、金银首饰工、玻璃器具工等。这些手工业者有的自扛器具，走街串巷，有的坐店做工，或自营，或受雇，情况各有不同。

近代天津城市人口职业结构最重要的变化是产业工人出现并迅速壮大起来。天津的产业工人最早产生于外资企业和洋务运动中兴办的一些官营企业。第一次世界大战后，民族资本企业开始迅速成长，工人人数随之成倍增加。十九世纪末，天津产业工人还只有一万多人，到1945年时已猛增至近六十万人，成为天津城市中有职业人口的最主要部分。到四十年代，天津的近代工业不论是经济实力还是吸纳的就业人口都超过了商业，标志着天津已完成从商业城市向工商业城市的转变。产业工人的大量增加对城市社会结构和社会生活产生了深刻影响。基于雇佣关系的就业者成为就业人口的主体，改变了传统的以自营业为主的就业结构，劳动力与生产资料分离成为普遍现象。这一方面促进了职业人口的增长及其在总人口中所占比重的上升，另一方面也增加了就业的不稳定性，使得失业成为二十世纪二十年代后天津城市中的一个突出的社会问题。

由于资料匮乏，要准确描述天津历史上人口职业结构的变化情况是相当困难的。三十年代虽然政府开始重视职业统计，但内容也只限于有无职业以及有职业者的行业分布。下表就是我们根据官方资料整理的结果。从表中我们可以看到，在1936年和1946年，天津有职业的人口比例在40％左右。就业者多集中在工业和商业部门，两部门合计占有职业人口的2/3到3/4；其次是交通运输业，吸收了约1/8的就业人口。从事家庭服务和佣役的就业者主要是指在官宦和富有人家做勤杂和保姆的人，排在第四位。自由职业者指从事教育、新闻、医疗卫生、社团和宗教事业的人，占就业者的比重较低，说明解放前天津社会事业的发展比较落后。

1936年和1946年天津城市人口的职业构成

	分类	1936年		1946年	
		人数	比重（％）	人数	比重（％）
	总人口	1081072	100.0	1711224	100.0
有职业人口	工业	166993	15.4	237619	13.9
	商业	115422	10.6	278600	16.3
	交通运输	53279	4.9	82976	4.8
	家庭服务、佣役	33032	3.1	62128	3.6
	公务人员（政军警）	15926	1.5	12698	0.7
	自由职业	11371	1.1	10160	0.6
	农业	5404	0.5	21990	1.3
	其他	22844	2.1	31932	1.9
	合计	424271	39.2	738103	43.1

分类		1936年		1946年	
		人数	比重（%）	人数	比重（%）
无职业人口	不事生产	559761	51.8	842670	49.4
	就学	59880	5.5	110542	6.4
	失业	27986	2.6	10596	0.6
	非法生活	3962	0.4	7232	0.4
	因犯、慈善机关收容	5212	0.5	2081	0.1
	合计	656801	60.8	973121	56.9

由于表中对职业和行业的分类过于粗略，我们难以进一步了解到就业者实际工作的性质。1947年天津市政府社会局专门对工人进行了一次分类统计，统计的工人总数为374908人，其中产业工人有104833人，占28%，其他类工人为270075人，占72%。在其他类工人中，佣役工人有124000人，几乎占了一半，三轮车和人力车夫有30601人，占11%，其他交通运输业工人为64955人，占24%。与上表中1946年的情况比较，这次调查得出的产业工人数量大大减少，而从事佣役工作的人数增加了很多，这可能与产业工人没有被全部调查且分类标准不同有关。两份资料中，佣役的人数都很大，说明在解放前，天津从事这个职业的大有人在，而且是男女都有。旧时天津还有一些专门介绍农村妇女当佣人、奶妈的场所，叫女佣

介绍所,俗称"老妈店",可见这一职业的社会需求很大。

天津作为水陆联运的码头,交通运输业一向发达,从事此行业的工人数量自然很多。明代时天津就有一定数量的居民靠装卸搬运为生。清末光绪三十二年(1906年)调查,装卸搬运工有3641人,各种人力、畜力车夫11217人。1925年日本满铁调查时,天津有码头工人5500人。这些人一般分属不同的"脚行"即帮伙。脚行把持了全市各水旱码头和交通孔道,并得到官府的承认。各脚行有各自的工作区域,相互间不得随意闯入。最盛时,全市脚行有二百多个。每个脚行控制的工人多则五六百,少则一二百。人手不够时,脚行还会临时雇用短工。

1946年没有职业的人口在总人口中的比重虽然比1936年有所下降,但仍然超过一半。我们知道,没有职业的人口中,老人和儿童占了很大比例,在考察人口的职业结构时应该把他们排除。我们如果把16岁至55岁作为劳动年龄,则1946年劳动年龄人口大约是103万,如果再假定有职业人口都在劳动年龄人口范围内,那么减去有职业人口后,无职业人口还剩30万,约占劳动年龄人口的30%。这个比例还是很高的,表明那时劳动年龄人口中没有职业的人相当普遍。实际上许多有职业的人口是15岁以下的童工,如果再把这些人从有职业者中扣除，则劳动年龄人口中无职业人口的比重就更高了。

无职业者的情况可以分为几类：首先是不事生产者，这里除了老人和儿童，还包括大量处在劳动年龄的无业游民，1946年这样的无业游民数量推算应在二十万以上；其次是就学者，随着近代教育事业的发展，这类人口的比重呈上升趋势；再次是失业者。在表中，失业者的人数似乎不算太多。1946年失业人口只占总人口的0.6%，占无职业人口的1.1%，失业率仅为1.4%。但实际上三四十年代天津的失业问题是非常严重的，据调查，1945年全市有工人58万多人，到12月份有将近23万失业，几乎占工人总数的四成。显然官方公布的失业人口严重偏低，许多失业者被归入到不事生产者类别中，以无业游民看待了。

无职业的人口中还有一部分被称为"非法生活"者，所指不详，其中主要是女性，可能是指娼妓等靠"非法"职业谋生的人。天津历史上的妓院是在十九世纪后期随着城居人口的增加而开始大量出现的，最初主要集中在靠近水旱码头的侯家后一带，后来由于中心商业区南移而逐渐分散。二十世纪二三十年代租界，特别是法、日租界里集中了比较多的娼妓。法租界曾专门在天祥市场后门的三义里和大庆里开辟了娼寮区，设有妓院百余家，后虽于1926年取消，但变相以"饭店小姐"身份营业的娼妓并没有减少。1943年10月,法租界里领取执照的这种形式的妓女有2667人。日租界里也设有专门的娼寮区,1936年领有营业执照的妓院超过二百家,正式上捐的妓女有一千多人。中国辖区内的妓院多分布在租界边缘或工业区附近,如号称"三不管"地区的南市、海河下游四大纱厂附近的谦德庄、火车站附近的"地道外"、旧城以西的"鬼市"等。因缺乏全面的统计,妓女的人数不详,估计有数千人。

以上描述的天津城市人口的职业状况是就总人口而言的。如果分性别来看,男女之间差异很大。以1946年为例,有职业人口的比例,男性为66%,女性只有11%。女性不事生产的人口占女性总人口的81.6%,而男性只有26.4%。显然天津人口中没有职业的人口比重大,主要是由女性就业比例低造成的。有职业的女性在工业部门就业的最多,占45%;其次是家庭服务和佣役,占34%;在商业部门就业的只占8.5%。这与今天女性在商业部门就业比例高的现象形成鲜明对比。各部门就业者中女性所占比例如下:家庭服务和佣役,42.6%;自由职业,18.2%;工业,14.7%;商业,2.4%;公务人员,1.6%;交通运输,0.7%。可见,除家庭服务和佣役外,其他部门就业者中女性的比例都是很低的。与此相反,无职业人口按主要原因分类后女性所占的比例则较大:非法生活,

77.0%；不事生产，68.5%；就学，41.4%。女性有职业者比例低，这是旧时天津城市人口的又一显著特点。

3．受教育状况

文化教育的发展是城市发展的重要方面。自天津设卫建城以来，天津的学校教育经历了从无到有、从传统走向近代的发展过程。受过教育的人口逐渐增加。以1860年开埠为界，可以分为前后两个阶段。开埠以前，学校教育主要是科举教育，能够接受教育的人口非常少，总人口中识字的人凤毛麟角，绝大多数人是目不识丁的文盲；开埠后，虽然科举教育在清末废止科举考试以前还有一定的发展，但通过引进西方教育制度，近代新型的学校教育逐步取得了主导地位。学校数量迅速增加，受过教育的人口在总人口中的比重显著提高。在天津解放前，有文化人口的比例曾一度达到了50%，处于全国的先进之列。

天津建卫初期没有学校，明正统元年（1436年）开始设立卫学，"选武官与军士子弟之俊秀者充弟子员"，目的是帮助他们继承家庭世袭的军人职业。万历十年（1582年）规定招生名额为"廪膳生"（可定期从官府领取银子和粮食补助的生员）和"增广生"各20名，后因天津城市的发展和地位的提高，于万历四十六年（1618年）把两类生员的名额各增加10人。比卫学层次低一些的为武学（武庠），入庠者可参加武乡试和武会试，优秀者可继续入卫学深造。此外，明代后期，天津还为来此屯垦者设立了"屯学"，为盐商、灶籍子弟开办了"运学"。这些学校的设立，一定程度上提高了城居人口的文化水平。据《天津卫志》记载，正统十二年（1447年）天津出现了第一个举人，成化二年（1466年）开始有了进士。整个明代，天津中甲科进士者共有11人，乡试中举者共27人。

与明代教育完全由官府举办不同，清代自中叶以后出现了由绅商捐资兴办的民间学校。康熙五十八年（1719年）由当时的"河东盐运使司运同"王又朴发起，在天津城东北角的赵公祠建立了天津第一家供士子聚集、预备科举的教育机构，初名"郁文学社"，乾隆二十五年（1760年）改名为三取书院，取乡试、会试、殿试皆中之意，开创了天津私人创办书院的风气。问津书院、辅仁书院也在开埠前相继建立。此后建立的还有会文书院、稽古书院、集贤书院等。清代时天津为贫民子弟设立的义学也有不少，十九世纪八十年代初统计有30多处。但总的来说，这些传统的教育形式因规模一般较小，能够到此接受教育的人数非常有限，对总人口受教育程度的影响不大。因此直到二十世纪初期，天津人口的文盲率并没有多大的改善，前面提到的日本人编印的《二十世纪初的天津概况》书中估计，当时的天津"大概在每一千人当中识字者仅约一百人"。

鸦片战争后，清政府中的洋务派深感发展新式教育的必要性。在直隶总督兼北洋通商大臣李鸿章的积极推动下，天津新式教育发展迅速，走在了全国前列。从1880年到1894年，先后成立了天津电报学堂、天津水师学堂、天津武备学堂和天津医学堂（也称北洋医学堂）。这些学堂虽然所教的内容主要是军事技术方面的，或建立的初衷是为军事服务的，而且有的学堂存在的时间很短，但在引领新式教育的发展方面起到了很好的示范作用。1894年甲午战争的失败再一次激发了社会上兴办新式教育的热潮。次年，由天津海关道盛宣怀督办，建立了中国第一所新型大学——北洋西学学堂，1903年更名为北洋大学堂，1913年成为国立北洋大学。该校成立之初聘请了美国公理会传教士丁家立做总教习，学制和专业设置直接参照了美国著名大学的做法，在国内产生了很大影响。在二十世纪之前天津设立的近代学校，还有育才馆、俄文馆、法文学堂等。

二十世纪初，袁世凯继任直隶总督兼北洋大臣，在天津实行"新政"，天津的学校教育有了新的发展。直隶高等工业学堂和和直隶法政专门学校先后在天津成立，培养了一批人才，包括后来在"五四"时期积极倡导新文化运动的李大钊。1901年清政府下令将书院改为学堂，省级书院改为大学堂，府和直隶州级改为中学堂，一般州和县级改为小学堂。1902年创办的天津民立小学可能是天津最早成立的近代新式小学。最早的新式中学要算1895年建立的北洋西学学堂附设的二专学堂，而1904年由严修、张伯苓创办的敬业中学堂则是天津最早的私立中学堂。1905年还设立了专门培养师资的天津初级师范学堂。到1908年天津已有中等学堂18所，在校学生约2040人；公立、私立各类小学84所，教员约370人。

民国以后，天津的学校教育发展进一步加快。1919年南开大学成立，这是天津第一所私立大学。据1931年出版的《天津志略》记载，当时天津的高等院校共有六所，分别是：国立北洋大学、私立南开大学、省立法商学院、省立工业学院、省立女子师范学院和省立水产专科学校。当时全国公、私立高等学校总共只有79所，天津占了1/13。1933年，这六所学校的在校生共有1476人。1946年高等学校增至八所，在校生人数超过了三千人。中小学校的数量在天津建市以后变化很大。1930年天津有中学11所，学生3119人；小学122所，学生25088人。以后连年增加，到1946年中学增至32所，学生达到16606人；小学261所，学生81152人。以上中小学学校数和学生数在不同的统计资料中，数据存在一些差异，统计结果可能不是很准确，但它们反映出来的增长趋势是一致的。

由于学校教育的发展，近代以来天津城市人口的受教育状况得到很大改善。根据政府统计的资料，1938年市区人口中识字者的比例达到46.7%，以后各年也基本维持在40%以上，1944年最高达到了52.4%。那个时期天津迁入人口数量巨大，而迁入人口主要来自农村，其中不识字者比重很高，从这一点考虑，天津总人口的识字率能够不降反升，确是十分难得的，这无疑与三四十年代学校教育的较快发展有直接的关系。按受教育程度来分，1946年市区每万人中，最高受过大学、专科、中学、小学和私塾教育的人数分别为42人、7人、495人、2410人和1610人，可见绝大部分识字者所受的最高教育只是小学和私塾，普遍文化程度不高，受过中学以上教育的人很少。有文化的人口中，男性占绝大多数，女性约占20%至30%之间，并且受教育程度越高的人口中，女性所占比例越低。

以上统计都是就总人口而言的，没有区分年龄。由于天津学校教育，特别是新式中小学教育主要是在民国以后才开始快速发展起来的，学生人数直到三十年代中期以后才形成较大的规模,成年人中受过新式中小学教育的人不多。因此,如果单独考察成年人口的受教育状况的话,识字者的比例很可能会降低。据1930年天津市识字运动宣传委员会的调查,成年人口中识字的人约占44%,其中男性为66%,女性为23%。不识字的人中四分之三是无职业(包括无正式职业)者,16%是在工业部门就业的人,尤以卖苦力者居多,余下的主要是商业部门的从业人员。

八　租界地人口与外侨人口

1860年天津开埠后,帝国主义国家凭借不平等条约纷纷在天津开辟租界。近代天津市内一共存在过九个国家的租界,1903年后还出现过八国租界并立的局面,这在中国的其他城市是没有过的。各国租界拥有高度的自治权,设有不受中国政府统辖的行政机构,长期驻扎军队,单独设置警察、监狱、法院,有自己独立的税收部门,俨然"国中之国"。甚至租界中的人口也不包括在中国政府的统计之中,而是由租界管理机构自行统计。从清末到天津解放前由中国当局公布的天津城市人口一般只包括华界内的人口,虽然本书前面各章说明天津总人口的增长时,我们已将租界人口加入,但对租界人口的构成和增长情况仍有单独说明的必要。另外,随着开埠和租界地的建立,天津的外侨人口增长也很快,最多时达到了十万人左右。这些人虽不算真正意义上的移民,很多人在天津生活的时间也可能不长,但外侨人口就整体而言,对天津城市发展的影响是很大的,因此本章也一并加以说明。

1. 外国租界

天津外国租界的设立经历了三个阶段:第一阶段是天津开埠初期,英、美、法三国首先胁迫清政府,开辟了租界;第二阶段是中国在甲午战争中失败后,德、日两国强取租界,英国也乘机扩充;第三阶段是1900年八国联军侵占天津之后,俄、意、比、奥四国强占土地,辟为租界,其他国家乘机扩充,最终形成八国租界并立局面。

最先在天津开辟租界的是英国。咸丰十年十一月(1860年12月),英国驻华公使卜鲁斯,依据《北京条约》等关于准许英国侨民在通商口岸租地赁屋的规定,要求划天津城东南海河西岸紫竹林一带为英租界,占地460亩。同时美国在邻接英租界的南面也划定了131亩的租界地。随后,法国公使也来到天津,与清政府的三口通商大臣签订了《天津紫竹林法国租界地条款》，在英租界的北面设立了面积为360亩的租界。这三国最初的租界地虽然面积不大，当时还属于荒僻地，但地理位置优越，面临海河，背靠由京师通往海口的海大道（今大沽路），扼水陆交通咽喉，极具开发价值。

  1895年，德国借口在迫使日本归还辽东半岛过程中"有功"，向清政府提出了在天津设立租界的要求。双方签订《天津条约德租界协定》，划定美租界以南1034亩土地为德租界。1896年清政府又同日本签约，同意日本在上海、天津、厦门、汉口等地设日本专管租界，两年后正式签订《天津日本租界条款》，划定了日本租界及预备租界的范围，大致是：东北临海河，东南与法租界相接，西南临墙子河，西北至天津城之南门外。由于此前曾有过法租界以上轮船不得上驶的规定，于是又在海河下游小刘庄河岸划出一块，作为日本轮船停泊码头。这样日本租界共占地1667亩。在德、日要求租界期间，英国也乘机以"洋行日多，侨民日众，租界不敷应用"为借口，把原租界向西扩展到墙子河内侧的围墙（今南京路北侧），使面积扩大了1630亩。至此，英、美、法、德、日五国租界在海河上游西南岸连成一片，占据了天津城南面的交通要道。

  1900年八国联军攻占天津后，掀起了瓜分租界的高潮。俄、意、奥三国采取先派兵占领，后与清政府交涉的办法，相继于1900年、1902年、1903年取得了租界。俄国的租界占据了海河与京榆铁路之间，北起五经路，南至大直沽的大片土地，总面积达5474亩，超过了当时英、美、法、德、日五国租界面积的总和。意大利租界在俄租界的西北面。西面和南面临着海河，占地771亩。再往北直至金钟河（今狮子林大街）是奥匈帝国的租界，占地1030亩。比利时虽未出兵参战，但也乘机要求，取得了接俄租界南界，沿海河向南面积549.5亩的土地作为自己的租界。

在1900年之前已经取得租界的国家，这时也借机扩张。德军占领原德租界附近的三义庄、桃园村一带。1901年要求清政府把所占之地追加为德租界的新界，使德租界扩大了三倍。英国先是以"存留作为日后扩充租界之用"为名，把租界向西南推至旧海关寺大道（今西康路），后于1903年获得清政府的承认。期间还于1902年与美国私相授受，并入了原美国租界。从而使英国租界总面积增至6149亩，成为各国中面积最大的租界地。以后，英国还采用越界筑路的方法，侵占佟楼以西的大片土地，建造别墅和赛马场。日本也不落后，先是与法国私相授受，获得了一块由法租界非法侵占的今锦州道与沈阳道之间近90亩的沼泽地，强迫清政府予以承认，1903年又与清政府签订《天津日本租界推广条约》，把东从朝鲜公馆南墙（今北安桥附近）沿海河岸向北至闸口，向西拐至东南城角，再南拐至多伦道的约400亩的地区增设为日本租界，小刘庄码头暂时交还清政府。

法国自紫竹林租界设立后，一直不停地非法向西扩张，并修建了一条从现在的劝业场向西至墙子河的马路，在马路两侧私自购地建房。1900年八国联军攻占天津后，行政大权由都统衙门掌握，于是法国乘机将非法侵占之地强行纳入租界的管辖之下，使租界地面积增加了约2000亩。此后，法国采取先越界筑路建房后交涉签约的惯伎，继续向墙子河外老西开地区扩张。1913年开始在老西开修建天主教堂、医院、学校。1916年教堂工程竣工后，法租界当局指挥军警强行占领老西开，后因中国人民的的抗法斗争，强占的阴谋没有得逞。但法国随后采取逐步蚕食的方法，最终还是把老西开划入了法租界内。1931年法租界在老西开设立工部局分局行使管辖权。

经过1900年后的新一轮扩张，天津租界总面积迅速扩大。海河西岸东南角以下至小刘庄，东岸狮子林大街以下至小孙庄的广大地区都成了各国的租界地。1903年统计，天津租界总面积达9.9平方公里，超过了当时天津城厢的面积。由于租界地占据了海河市区内河段两岸大部分的有利位置，具有优越的发展条件，因而很块发展起来，到二十世纪二十年代左右，租界地开始呈现繁荣局面,特别是法、日租界成了天津新的中心商业区。

各国租界是陆续收回的。美国租界由美英两国私下磋商,1902年并入英租界,不是由中国政府直接收回的。最早直接收回的租界是德、奥两国的租界。第一次世界大战爆发后,中国于1917年加入协约国阵线,对德、奥宣战,并宣布收回两国在天津和汉口的租界。两国在天津的租界于1919年正式收回后,分别改为特别第一区和第二区。1917年俄国发生"十月革命",推翻沙皇,建立了社会主义国家,以后成为苏联。苏联政府发表声明放弃沙俄在中国的特权。1924年中苏两国签订"中苏解决悬案大纲",8月6日,中国政府正式接管俄租界,改为天津市特别第三区。1926年中国政府外交部照会比利时公使,1865年签订的《中比北京条约》期满废止,建议改订新约。1928年两国重新签订《中比通商条约》,并于此年签订交还租界的协定。1931年3月举行正式交接仪式后,比租界改为天津市特别第四区。

1937年7月日军占领天津后,与英、法两国的关系趋向紧张。1939年6月日本借口英、法租界有敌对倾向,对两国租界实行了长达一年的封锁。1941年12月太平洋战争爆发后,国民党政府曾宣布收回日、意租界,但当时天津还在日军占领下，不可能实现。相反，驻天津的日军进驻英、法租界，接管了英租界，改为特别行政区，以后又更名为兴亚第二区，并把法租界也置于日军的实际控制之下。英国不承认日本的接管，于1943年与国民党政府签订《中英新约》，同意把租界还给中国。同年，法国维希政府也发表声明把租界的行政权交还中国。6月由汪伪政权派员来津接收法租界，改为兴亚第三区。1943年出于政治上的目的，日、意两国也把租界交还汪伪政府，天津的日租界改为兴亚一区，意租界改为特管区。这样，到1943年下半年，天津的外国租界名义上已全部归还中国，但接收租界的汪伪政府实际上是受日本控制的。只有到1945年日本投降后，国民党政府才正式收回了日、意、英、法租界。

天津各国租界情况

国别	设立时间	四界范围	总面积	收回时间
英国	1860年初设占地460亩，1897年扩充1630亩，1902年并入美租界131亩，1903年再扩充3928亩	东临海河，南至马场道，西至西康路，北至营口道	6149亩（含原美租界131亩）	1943年宣布，1945年正式收回
美国	1860年	东临海河，南至开封道东段，西至大沽路，北至彰德道	131亩（后并入英租界）	

国别	设立时间	四界范围	总面积	收回时间
法国	1861年初设360亩,1900年扩充2000亩,1931年再扩充476亩	东临海河,南至营口道,西至新兴路,北至锦州道	2836亩	1943年宣布,1945年正式收回
德国	1895年初设1034亩,1901年扩充3166亩	东临海河,南至琼州道,西至广东路,北至马场道	4200亩	1917年宣布,1919年实际收回
日本	1896年初设1667亩,1900年法国私授90亩,1903年扩充393亩	东临海河,南至锦州道,西至南京路,北至多伦道至闸口	2150亩	1941年宣布,1945年正式收回
俄国	1900年设立	东沿京榆铁路,南至大直沽,西沿海河,北至五经路	5474亩	1924年
意大利	1902年设立	东至五经路,南临海河,西至北安道,北沿京榆铁路	771亩	1941年宣布,1945年正式收回
比利时	1902年设立	东至大直沽,南至小孙庄,西临海河,北至十五经路	740.5亩	1929年签订协定,1931年正式收回
奥地利	1903年设立	东起十字街接新货场大街,南至北安道,西临海河,北至狮子林大街	1030亩	1917年宣布,1919年实际收回
合计			23350.5亩	

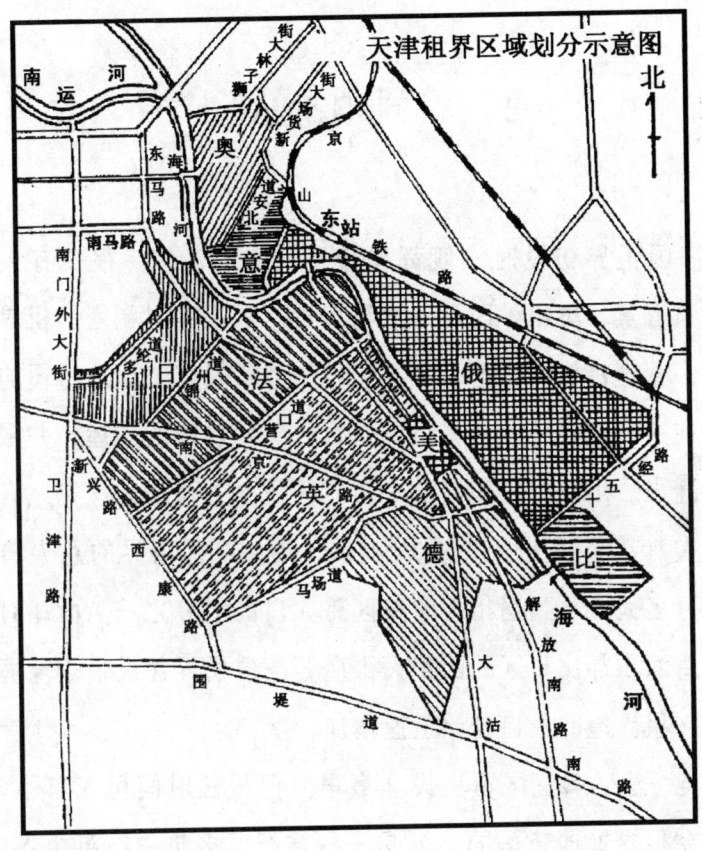

八 租界地人口与外侨人口

135

2．租界中的人口

各国租界初设时一般都比较荒凉，水洼多，很少有人居住，只有意、奥租界因离三岔河口近，人烟相对稠密。租界设立后，管理机构首先着手平整土地、修筑道路、建造房屋的工作。在这个过程中，一些租界强行收买原住民的房屋，并限令时日迁出。因此租界初建的一段时间里，人口增长缓慢，有的租界人口甚至还大幅度减少。1906年，八国租界的总人口只有六万多人，不到当年天津城区总人口的七分之一，而那时租界的总面积却比华区的面积大得多。随着租界建设带来环境的改善，租界地的人口开始迅速增加。

英、法、美三国租界设立最早，但很长时间里人口不多。最先在租界置地建房的主要是一些洋行，多集中在英租界内。到1870年时，英租界的主要干线维多利亚道（又称中街，今解放北路营口道至开封道一段）基本形成，路的两侧分布了许多洋行、银行的建筑。这里以后逐步发展为天津有名的金融街。另外，一些国家，如美国、加拿大、芬兰等驻天津的领事馆最初都设在英租界内，瑞典和挪威的领事事务分别由设在英租界的礼和洋行和乐利公司代办。日本在设立租界之前,也把领事馆设在了英租界内。1870年发生"天津教案"事件,天津人民在反洋教斗争中,火烧望海楼教堂和法国领事馆,打死法国领事,引起很大社会震动。此后居住在城厢一带的外国人纷纷迁入英、法租界。法国领事馆也在法租界内重建。租界人口开始多了起来。英租界由于迁入的外国人增多,出于贸易和生活服务的需要,不得不放松原来对中国人居住的限制,于是中国人迁入的数量逐渐增加。英租界比较重视道路和城市设施建设。1887年修建了维多利亚花园(今天津市政府楼前公园),以后又在花园北侧建立戈登堂,它后来成为英租界工部局的办公楼。1890年英租界开始使用煤气照明,后改用电力。1899年开始供应自来水。1900年后,墙子河北岸的大片沼泽地通过从海河挖泥填垫,道路也开通了。这些都吸引了更多的人迁来定居。1902年原美租界的并入使人口增长进一步加快。美租界因过去长期处于无人管理状态,成为各类人等的消费、娱乐区,商贩比较集中。到1906年英租界的人口达到6030人,其中中国人4060人,外国人1970人。

民国以后,英租界人口增长加快,1913年达到16803人,比1906年翻了一番还多;1925年人口再翻一番,达到35217人。日本占领天津后,许多人迁入英租界寻求庇护,使1938

年的租界人口激增至76815人，1942年又超过了9万人，比1913年增长了4.5倍。人口迅速增加主要有两方面的原因：一是民国以后，中国中央政权更迭频繁，华北地区战事较多，社会动荡，而租界因享有特权相对不受干扰，被上流社会视为理想的安身之地，于是纷纷迁入租界。同时英租界经过长期建设，环境大为改观，道路整洁，基础设施完善，又远避都市的喧嚣，生活环境优越，对上流社会极具吸引力。因此大批前清遗老、军阀、官僚、富绅、买办、大资本家寓居英租界，建起一栋栋风格各异的小洋楼，形成天津著名的"五大道"景观。据统计，英租界中寓居的新旧达官显贵，在各国租界中是最多的，比如，清末贵族有庆亲王奕劻、醇亲王载沣、驻德公使载涛、军机大臣那桐、户部侍郎铁良等；北洋政府大总统有徐世昌、黎元洪、曹锟等；北洋政府国务总理有段祺瑞、唐绍仪、靳云鹏、张绍曾、潘复、龚心湛、熊希龄、颜惠庆、顾维钧等；此外还有几十位清代巡抚、都督、提督和北洋政府时期的总长与各省省长、督军、巡阅使等。清末和北洋政府时期的许多著名人物都与天津，特别是英租界有着密切关系，以致当时出现了"北京是前台，天津是后台"的说法。号称天津四大买办的吴调卿、梁炎卿、郑翼之、王铭槐及其他许多著名买办也都住在英租界里。有些外省市的大地主也在英租界置有房地产。

二是租界内商号、工厂不断增加，1930年统计各类商号有1076户之多，其中有银行、钱号26家，经营进出口贸易的洋行、贸易行134家；工厂共22家，其中纺织业3家、食品工业1家、器具工业2家、机器工业3家、化学工业1家、水电等工业6家。根据1937年前后的统计，天津规模较大的洋行共有483家（不包括中小型日本洋行），其中404家设在英租界；在津的外国银行也多数设在英租界的维多利亚道两侧，总数有十余家。工商业的发展必然会带来人口的增加。三十年代的英租界已形成明确的功能分区，东部靠近海河一带是经济、金融机构集中区，海河沿岸则为各洋行、公司占用的码头和仓库；西部为高级住宅区，密集着大量外国人和中国上流社会人士的寓所。

法租界人口的兴旺晚于英租界，1921年时人口还只有4745人，但此后的增长速度却更加迅猛。1930年时就达到了52724人，十年间增加十倍，超过了当时英租界的人口。1943年已接近十万，创各国租界人口数的最高记录。法租界人口的高速增长，有与英租界相同的一些原因，如大量寓公来租界安身。当时的三十二号路（今赤峰道）两侧较大的宅院，几乎全为下野的官僚、军阀和大资本家所占有，如五省联军总司令孙权芳、直鲁联军总司令张宗昌、东北军张学良、杨宇霆等。因寓公多为军阀，故有"督军街"之称。此外这条街还住了一些中外大资本家，如中国银行经理卞白眉、盐业银行董事长任凤苞、国货售品所经理宋则久、棉纱巨商范竹斋、山西大地主票号巨头乔铁汉等。其他街道寓居的达官富商还有很多。法租界内外国大银行虽没有英租界多，但若加上中国的银行、银号，数量则超过了英租界。1931年"九一八事变"前后，法租界内的银行、银号数占了全市的三分之二。中街（今解放北路）、三十二号路、二十六号路（今滨江道）一带是银行、银号的集中区。

英、法两国租界也有很多不同之处。英租界内的贸易主要由大洋行操纵，外国洋行大多集中在英租界。英租界当局限制小商贩活动，一般商业机构较少，只在原美租界与德租界交界处保留了一些商业娱乐设施。人口的增加主要归因于上流社会人士大量迁来寓居以及伴随他们而来的家庭服务人员的增多。而法租界则不同，人口的增加与商业的繁荣有密切的关系。法租界内建有各种类型的交易市场，如黄金市场、纱布交易市场、证券交易所等，中外商人的大量投机活动是在法租界进行的。二十年代以后法租界内大兴土木，建成了许多商业、娱乐服务设施，商场、饭店、剧院林立，成为天津最繁华的中心商业区。在今滨江道、劝业场一带，各行各业应有尽有。西服店、鞋帽店、钟表行、首饰店、高级木器行、食品店、茶庄等比邻而设，光是照相馆就有五家以上。各地风味的饭馆差不多都能在法租界找到，登瀛楼、丰泽园（今狗不理包子铺）、蓬莱春、会芳楼等至今仍是天津的名馆。全市影剧院半数以上都在法租界内。英、法两国租界的上述不同在人口构成上得到了鲜明的反映。1943年英、法租界被日伪政府接收后改为兴亚二区和三区。根据1944年的统计，兴亚二区总人口为86703人，其中有职业的人口为41868人，占48%；兴亚三区总人口为98183人，其中有职业者48200人，占49%。两区有职业人口的比重非常接近。但在有职业人口中，从事商业工作的人口，兴亚三区高达63%，兴亚二区只有31%；相反，从事家庭服务、佣役职业的人口，兴亚二区占45%，而兴亚三区只占15%。

　　日租界所占的地区，最初多为沼泽洼地。日本领事馆责成东京建筑株式会社承担平整土地和市政建设的任务，全部工程分三期到1920年最终完成。租界的人口也随着工程的进展而增加。1906年日租界人口共10064人，其中中国人8295人，日本人1769人。到1928年总人口增至36632人。新增人口主要是在二十年代迁入的，那时由于天津中心商业区南移，法租界劝业场一带成为最繁华的商业中心，与日租界相邻的南市一带也成为商业、娱乐区，日租界介于两者之间，自然也逐渐繁华起来。1927年日租界的旭街上建起了中原公司（今百货大楼旧楼），更促进了日租界的繁荣。不过三十年代后新迁入日租界的华人很少，华人数量呈减少趋势。1928年有华人31466人，到1936年减至26400人。1937年日军占领天津后，华人大量迁出，1940年已不足1.6万。这与同期英、法租界的情况形成了鲜明的对比。但日侨的人数增加很快，在租界人口中所占比重增大。1928年日租界里的日侨有5311人，1936年增至8159人。1937年后，日本在天津实行殖民统治，大批日侨蜂拥而至，1938年日租界里的日侨人数猛增至19306人，占当年日租界总人口的44%，到1943年，日侨达到28539人，比重升至56%。租界里的日侨还并非当年涌入天津的日侨的全部，1943年天津共有日侨73562人，可见更多的日侨分布在日租界以外的地区。1943年日租界的总人口为50556人，比1936年日军占领天津前增长了38%，主要原因就是日侨的增加，另外也有相当数量的朝鲜人生活在日租界，1939年时曾达到3822人。

德国租界1906年有人口4669人。由于租界当局不重视建设，德租界内除威廉街（今解放南路）外，其他地方变化很小,特别是1900年后扩张的新界一带,依然保持贫民窟的旧貌。但由于租界区环境僻静,宜于休养,所以民国以后,仍有不少达官富商、下野军阀、前清遗老来此建造别墅。如大总统袁世凯在德租界建有大幢楼房,把几个姨太太安置于此,其子袁克定也在大营门建有楼房;大总统黎元洪在威廉街建有一所花园,经常在此招宴朝野权贵;鼓吹复辟的张勋等一大群前清的遗老遗少都曾在这里住过。因此民国以后德租界的人口有所增加,1917年租界被收回时约有人口1.4万多人。

海河东岸的四国租界设立时间稍晚,北部的意租界和奥租界在设立时,原居民都已有相当的规模。1906年奥租界的人口有25744人,是当年各国租界中人口最多的。界内东浮桥大马路(今建国道)北侧地势高,人烟稠密,南侧地势低洼,住户寥寥。为了找平修路,奥租界工部局从高处挖土填垫水坑,为此强令上千家住户迁出。到1910年租界人口减少到17000多人。1906年,东浮桥改建为铁桥,命名为金汤桥。以后由东北角经金汤桥通向东车站的电车路线开通,东浮桥大马路逐渐繁华起来。一些军阀也开始在这里置地建房,如冯国璋、曹锟、王士珍、龚心湛等。

意租界初设时,除河堤一带地势较高外,其余大部分地区荒芜低洼。后来利用海河淤泥进行大规模填垫,逐渐开辟出街道。1906年租界有人口12679人。租界当局强行收买中国人私有房地，迫使许多中国人外迁，这样到1910年时租界人口只剩下了5608人，减少了一半。意租界地点适中，又临近火车站，交通便利，民国以后也成为下野的军阀、政客聚集的地方。黎元洪下台后，来天津最初就住在意租界。梁启超长期住在意租界，其寓所今天已被修建为梁启超纪念馆。意租界工部局对界内建房要求严格，故意租界的楼房，风格多样，造型优美，大街小巷也比较齐整，成为高级住宅区。意租界内赌场多，1935年修建的回力球场（现第一文化宫原址），是其中最有名的。1937年"七七事变"后，特别是日军开始封锁英、法租界后，原在英、法租界的银钱业受到影响，纷纷转向意租界。1939年天津发水灾，大部分地区被淹，意租界地势较高，又临近车站和码头，因而货栈业大兴。这些既促进了意租界经济的发展，也造成其人口的增加。1943年意租界人口达到了14667人。

俄租界占地广阔，但初时人口不多，1906年仅2870人。俄租界拥有海河东岸三千多米的河岸线，还控制了火车东站，是水陆交通的要冲。中外商人为了囤积物资方便，都在俄租界建立货栈。当时的货物运输主要依靠兽力大车，河东地道外及大王庄一带，养大车的多达一百多家。货物装卸运输要靠脚行，河东一带脚行众多，各霸一方。货栈多、大车多、脚行多是俄租界的特点。俄租界没有像样的住宅区，人口增长缓慢，据1923年统计，租界人口约在5000人左右。俄租界以南的比利时租界，地处边沿，大部分为农田。因市政建设上少有作为，面貌变化不大，人口也增加不多，到租界被收回前只有1700多人。

二十世纪初天津外国租界的人口以奥、意、日三国最多。民国以后，英、德租界人口首先开始加速增长，二十年代法、日租界人口激增。虽然奥、德、俄、比四国租界在三十年代前先后被收回，租界数量减少，总面积缩小，但租界人口总量保持了稳步上升的趋势，特别是英、法两国租界人口增幅巨大，占各国租界总人口的比重逐步提高。到四十年代，英、法两国租界人口已占到全部租界人口的80%左右。

3. 外侨人口

外侨是指居住在中国境内但保留原国籍的外国人。这里所谈的天津的外侨人口既包括居住在租界内的外国人，也包括居住在中国辖区的外国人，但不包括外国军队。天津外侨人口的增多主要是在 1860 年开埠以后，在此之前虽已有外国人在天津生活，但人数很少，估计不到 20 人。这些最先来到天津的人主要是商人和传教士。开埠后，来津的外国人逐渐增多。据天津海关统计，1866 年天津的外侨有 122 人，1879 年有 262 人，1890 年有 612 人，到 1900 年增至 2200 人，可见增长的势头是很猛的。外侨的增多，一方面是因为各国在天津建立了领事馆，派驻领事，英、美、法、德、日五国开辟了租界，吸引更多的人来天津；另一方面是因为天津兴办洋务，办工厂、建学校，招聘了许多外国人担任专家。比如，早期的天津机器局就委托了英国人全权办理，1887 年建立的天津铁路公司也聘英国人担任技术监督，1895 年创办北洋西学学堂则聘了美国人丁家立做总教习，等等。所以这时外侨的职业也不再限于商人、牧师、传教士，出现了教师、工程师、资本家、医生等。

二十世纪后，随着建立租界的国家增多，特别是租界建设日见成效，来天津的外国人迅速增加。1900 年八国联军占领天津，一批商人和冒险家尾随而来，当时的美租界成了各国侨民的一个聚集地，小白楼一带出现了初步的繁荣。1906 年天津的外侨人口达到了 6341 人。从 1913 年开始天津的日本侨民大量增加，到 1916 年人数达到 3633 人，比 1912 年翻了一番。第一次世界大战结束后，侨民人口的增长形成一次高潮。首先是日本侨民继续猛增，1921年突破五千人，1918年又超过了六千人；其次是由于俄国发生十月革命，滞留天津的俄国侨民迅速增加。1921年天津侨民总数已有一万多人。1931年"九一八事变"后，特别是1937年日军占领天津后，主要由于日侨的大量涌入，天津外侨人口的增长出现了又一次高潮。1937年日侨为17811人，1940年增至5万多，1943年达到7.3万左右，平均每年增加近万人。尽管同一时期英、法、美等国的外侨大量撤离，天津外侨总数还是增加了。1945年日本投降前外侨人口最多，超过了10万人。

日本投降后，大量日侨撤离或被遣送回国，天津的外侨人数剧减，虽然其他国家外侨数有所增加，特别是苏联的侨民大量迁入，但外侨人口总数已无法与以前相比。1947年内战全面爆发，天津的战事日趋紧张，大量苏联侨民撤出，外侨人口进一步下降。1949年天津解放后统计，外侨人口仅剩3550人。

在二十世纪以来的天津外侨人口中，日本侨民的数量在1945年以前一直是最多的，占全部外侨人口的比重也呈上升趋势。日本统治天津时期，日侨要占外侨总数的一半以上，最高时超过了90%。英、美、法三国在天津建立租界最早，侨民的数量也曾达到相当的规模。在二十世纪二十年代以前，英国的侨民数仅次于日本，居第二位，二十年代美国的侨民增加，取代了英国的地位。1936年法国的侨民又超过英美，居第二位。德国人来天津的历史也较早，开埠以前，就有德商在城内及东门外一带居住和进行贸易。1906年天津的德国侨民已接近千人，但以后德国侨民的数量没能进一步增长。日本统治时期，英、美、法等国侨民大量撤离，德国因与日本是同盟国，侨民没有受到影响，因此1943年德国成了除日本外侨民最多的国家。

　　对侨民在天津历史发展中的作用，应该实事求是地进行评价。一方面天津近代的侨民最初是尾随帝国主义的军事侵略而来的，他们凭借不平等条约，享受着种种特权，所从事的商贸、文化和宗教活动，一部分严重侵害了中国人民的利益，是不折不扣的侵略行为；另一方面也不应否定侨民的某些活动客观上对天津社会、经济和文化的发展是有积极贡献的。在天津近代产业和城市公用事业的发展过程中，外国侨民发挥过重要的作用。天津近代教育和文化的发展也有侨民的贡献。以教育为例，近代天津的高等学校几乎都有外籍教师担任教职，如二十年代，北洋大学二十名左右的教授中，80%以上是外国人。还有外侨直接创办的学校，如法汉学堂、新学书院、天津工商大学（即后来的津沽大学）等。天津近代影响较大的报纸《益世报》也是由比利时天主教神甫雷鸣远于1915年创办的。

九　新中国成立后的天津人口发展

　　1949年1月15日天津解放,从此天津城市发展进入了一个新的历史时期。五十多年来,随着社会经济的迅速发展,天津的人口不断增加,到2000年,全市常住人口①已突破一千万人,市中心区也有390万人,中心区人口相当于解放前天津城市人口的两倍。人口数量增长的同时,人口寿命与健康状况也得到很大改善,人口的受教育程度显著提高。城市建成区不断向四周扩展,城区与郊区逐渐连成一体,特别是滨海区迅速崛起,成为天津城市人口新的增长点,城市人口分布正发生着根本性的变化。这些变化在已经到来的二十一世纪里还将继续下去。由于行政区划变动的原因,天津解放后人口发展的历史以 1980 年为界可分为前后两个时期来说明。

1．1949—1979 年的城市人口

　　天津解放后的前三十年里，行政区划经历过多次调整，大体上可分为三个阶段。第一阶段是从 1949 年到 1957 年，天津市属于中央直辖市（从天津解放到新中国成立前的几个月作为华北人民政府直辖市）。天津解放初期，市区内仍沿袭解放前十一个行政区的建制，另将塘大市划归天津市，改为塘大区。1952 年塘大区改称塘沽区，市内 11 个区合并为 8 个区，天津县划归天津市，原市辖各区所含的农村部分调入天津县，原属天津县的灰堆镇划入市区。1953 年撤销天津县建制，所属区域分设为东、西、南、北四个郊区。至此存在了二百多年的天津县建制废止了。

　　第二阶段是从 1958 年到 1966 年，这是天津市行政区划多有反复的时期。1958 年 2 月，天津市划归河北省管辖，作为河北省省会。6 月河北省把汉沽市划归天津市，更名为汉沽区，同时划入的还有河北省宁河县的 46 个自然村。9 月天津市区原八个区调整为六个区，即现今的和平区、南开区、河东

区、河西区、河北区、红桥区,四个郊区被取消,合并到市内六区和塘沽区中,加上新划入的汉沽区,共八个行政区。12月,又将原属河北省天津专区和沧州专区的静海、霸县、武清、交河、任邱、河间、献县、沧县、宁津、吴桥、黄骅、盐山等12个县划归天津市。这样,到1958年年底,天津市辖8个区12个县,面积猛增至31894平方公里,人口也比上一年增长了两倍多。1960年再将宝坻县和蓟县划入天津市,汉沽区划出复归唐山市,天津市辖7个区14个县,面积达到34414平方公里。这是天津设市以来辖区面积的最高记录。1961年,14个县重新划归天津专区和沧州专区,脱离天津市,由河北省管辖,天津市保留7个区。1962年恢复原四个郊区设置,汉沽区再次划入天津市。1963年,将河北省黄骅县和静海县各一部分地区划归天津市,设为北大港区。这样天津市辖有6个市区、4个郊区和塘沽、汉沽、北大港三个区,共13个区。

第三阶段是从1967年到1979年。1967年1月天津市恢复为中央直辖市。1970年北大港区撤销,并入南郊区。1973年,经国务院批准,原河北省天津地区所属的宁河、蓟县、宝坻、武清、静海五县划归天津市。1979年以原北大港区为基础组建新的大港区,从南郊区中分离出来。至此,天津市辖

13个区、5个县，面积11305平方公里。以后二十多年中天津市的行政区划没再发生大的变化②。

由于行政区划变化频繁，1980年以前天津市各年的总人口因包括的地域范围不同而大起大落。比如1957年的人口为322万，1958年就猛增到1135万，1960年达1227万，创下历史上天津市人口的最高记录，但1961年又很快减少到386万（详见下表）。这给我们考察天津城市人口的实际增长情况造成了困难。1979年，天津市统计局整理了一份假定1949年至1978年的区域范围都按1979年的行政区划确定时的人口资料，登录在《天津市人口、劳动工资统计资料（1949—1978）》中。这份资料中的各年总人口与天津市按实际区划统计的人口在1973年以前差别很大，但市区人口部分与实际比较接近。它的市区人口的含义包括市内六区人口和塘沽、汉沽两区的市区人口。市内六区和塘沽一直在天津市的辖区内，汉沽区虽然有部分年份不在天津市的实际行政区划之中，但其市区人口不过数万人，在天津市区总人口中的比重低，因此可以认为这份市区人口统计资料是比较符合我们要考察的天津城市人口的实际情况的，与历史上天津城市人口的变迁具有一定的连续性。这样关于1980年以前天津城市人口的发展，我们就以该市区人口资料为依据进行考察。

1949—1979年天津市户籍人口数

年份	按当时行政区划		按1979年行政区划	
	面积(平方公里)	总人口(万人)	总人口(万人)	市区人口(万人)
1949	173.3	186.6	402.5	189.6
1950		188.9	407.1	191.9
1951	176.3	203.3	424.2	206.8
1952		213.6	439.2	217.6
1953	2253.4	268.1	462.2	231.7
1957		322.5	529.7	277.4
1958	31894.1	1135.3	548.3	291.8
1959		1177.9	567.5	306.9
1960	34414.1	1226.9	583.5	318.5
1961	2253.4	385.9	584.2	316.5
1962	2876.4	400.9	595.6	315.2
1963	4994.0	421.0	615.3	324.9
1970		423.0	652.7	290.5
1972		436.9	674.7	297.1
1973	11204.0	679.9	683.3	299.1
1978		721.1	724.3	314.3
1960	34414.1	1226.9	583.5	318.5
1979	11305.0	741.4	739.4	331.4

在表中我们可以看到，天津市区户籍人口的增长具有明显的阶段性特点。五十年代增长最快，1950年到1960年十年间人口从191.9万猛增至318.5万，增长了66%，远高于同期全市总人口的平均增长速度。但六十年代后市区人口增长放

缓,七十年代初还降到了三百万人以下。到 1979 年,市区人口只比 1960 年增长了 4%,而同期全市总人口则增长了 26.7%。市区人口增长的这种特点是由当时人口的自然增长和迁移状况决定的。

　　天津解放后,城市社会经济生活开始步入正轨。由于战乱被压抑的生育力开始爆发出来,出现了补偿性生育现象。随着国民经济的恢复和发展,人民生活有了可靠保证,生活条件得到改善。1949 年至 1958 年全市共安置了七十多万人就业,到 1958 年基本消除了旧社会遗留的失业现象,当年职工总数达 103 万,其中 70% 是解放后新安置的。生活的安定和生活水平的提高为生育率回升创造了物质条件。五十年代天津市区人口的出生率基本保持在 40‰ 左右,高于郊区和农村地区的出生率。而另一方面,由于城市公共卫生和医疗保健的进步,传染病得到有效控制,婴儿死亡率和孕产妇死亡率迅速降低,市区人口的死亡率也早于郊区和农村出现了大幅度的下降。从 1952 年起市区人口的死亡率就降到了 10‰ 以下,1956 年仅 6.4‰。这样市区人口的自然增长率在五十年代平均超过了 30‰。据统计,从 1950 年到 1960 年市区人口仅自然增长就净增了近 85 万人。

　　天津解放初期,曾出现过短暂的人口净迁出现象,主要是因为大量在解放前进城谋生的农民，解放后因家乡恢复了正常的生产生活条件而返回原籍。但到1951年迁出人口大幅减少，开始改为人口净迁入。由于经济恢复，并开始执行第一个五年计划，天津城市中的劳动力需求大增，吸引大量农村人口进城做工。1951年市区和郊区因招工就迁入了14.7万人。1956年共迁入28.9万人，其中从市外农村地区招收的职工有近8万人。1951年到1957年从市外招工总数达到了52万多人。此外还有很多因工作调动、就学和投靠亲友而迁入的人。1958年天津市改为河北省省辖市，作为河北省省会。大批工作人员及其家属随省直机关迁入天津，此后三年仅因工作调动迁入的就有16万多人，占同期迁入人口总数的三分之一。当然人口迁出现象也同时存在。比如，截至1957年，为支援其他地方的建设，天津向华北和其他省市共输送了12.8万多名干部和工人，随迁家属也有3万多人；1955年曾动员进城的农村人口还乡，共迁出15万多人；等等。但总的说来，迁出人口的规模远不能与迁入人口相比。1951年至1960年市区从市外净迁入人口41.6万人。

可见五十年代天津市区人口的迅速增长是自然增长和迁移增长共同造成的，大体上自然增长占市区人口增加量的2/3，迁移增长占1/3。

六十年代后天津市区人口的增长发生了新的变化。在六十年代初的经济困难时期,天津市区的人口出生率显著下降,1961年仅为23.4‰,虽然随后两年有所反弹,但从1964年开始由于天津市政府推行计划生育,市区人口出生率便很快降了下来,1965年只有14.3‰。直至1979年,市区的人口出生率基本都处在15‰以下。由于出生率降低,人口自然增长率也降到了低水平,许多年份不足5‰。

与此同时,市区的人口迁移也一改五十年代净迁入的局面,出现了人口净迁出。1958年天津市开始执行控制市外人口迁入、特别是农业人口迁入的政策,1962年起市外人口迁入必须经市公安局审批,一般仅限于工作调动、复员转业、就学、投靠亲友等。于是六十年代后,从市外迁入天津市区的人口规模急剧缩小,五十年代年均在17万人左右,而六七十年代除1978年和1979年外,其他年份均不足5万人,1966年至1969年甚至在两万人以下。相对而言,这个时期迁出人口要多一些。为了克服经济困难,贯彻中央关于国民经济发展的"调整、巩固、充实、提高"的方针,天津市从1961年开始精简和动员了大批"大跃进"以来迁入天津的职工和家属还乡,1961年至1965年还乡的外省市人口就有21万多人,其中大部分是从市区迁出的。1962年是精简人员最多的一年,还乡的外省市人口超过了10万。从市区移往本市郊区和各县的人数就更多了，1960年至1963年合计有近30万。"文革"开始后，天津市区人口外迁又形成一次高潮。在干部下放、知识青年"上山下乡"的潮流中，数十万市区人口迁出。1968年到1970年三年间天津市因"上山下乡"而迁往市外的人口多达26万人，其中1969年一年就有15万人之多。1970年由市区迁往郊区和市内各县的人口高达15.6万人，其中也主要是插队知青和下放职工。另外1967年天津市恢复为中央直辖市后，河北省省会迁往保定，不少人口随省直机关一起迁走。从1961年到1970年，天津市区净迁出人口达到了71万，其中54万迁往市外，17万分布到本市郊区和各县。

  1971年后市区的迁出人口减少，人口迁移率降到了建国以来的最低点。直到"文革"结束后，人口迁移才开始逐步活跃起来，并呈现出净迁入的态势。迁入人口增加主要有两个原因：一是"上山下乡"的知识青年和落实政策的干部、知识分子大量返城；二是随着改革开放和经济建设的展开，天津加大了招聘人才的规模，放宽了招工限制，1980年前后因工作调动和招工原因迁入的人口明显增多。1978年至1980年，市区净迁入人口达31万，其中2/3来自市外，1/3来自本市郊区和各县。

2．八十年代后城市人口的增长

八十年代天津城市人口出现了较快增长的势头，中心区人口十年间增长了两成，高于全市人口的平均增长速度。原因有两个方面：一是八十年代初开始实施新《婚姻法》，取消了过去各地以行政规章形式规定的对晚婚的强制性要求，人们结婚年龄提前。七十年代天津市90％以上的妇女在23岁以后结婚，市区妇女的晚婚率基本在95％以上。1981年后结婚年龄普遍提前，晚婚率急剧下降，1985年全市妇女晚婚率降到了63％，市区也只有73％。结婚年龄提前诱发了出生率的回升。另外，大批返城的未婚知青在八十年代初也形成一次结婚高潮。1981年天津全市结婚者有18万多对，市区也超过了10万对，创下天津解放后的最高水平。由于结婚人数剧增，八十年代前期市区人口出生率恢复到15‰以上，1982年和1983年还超过了20‰，而另一方面死亡率仍继续呈下降趋势，这样人口的自然增长加快了。二是人口迁入也有一定增多。除了继续有知青返城和从市外引入人才、招收工人外，这个时期，由于市政府取消了对滨海区、郊区和各县非农业人口向市中心区移动的限制，市内其他地区向市中心区迁移的人口也达到了相当的规模，1986年至1990年间每年平均在一万人左右。

进入九十年代，由于人口出生率下降，死亡率随老年人口比重上升而提高，市中心区出现了出生人口少于死亡人口的现象，即所谓的人口负自然增长。只是因人口净迁入，市中心区人口还保持着平稳缓慢的上升趋势。

八十年代后由于城市建设加快，城市建成区面积迅速扩大。1982年市中心区建成区面积约150平方公里，1990年增至231平方公里，2000年达到244平方公里，远大于当年市内六区167.8平方公里的行政区划面积，约有三分之一的建成区是在郊区的行政区划内。城市建成区逐步跨出市内六区的地域范围，扩大到比邻市中心区的近郊。市中心区不断向四周扩张，在城市景观上与近郊区渐渐连成一体。八十年代初还属于市区边缘的兴业里、西湖村、八里台、白庙、纪庄子、西于庄、杨庄子等地如今早已在中心市区建成区的范围内，再往外的李七庄、中北斜、西营门、北仓、天穆、宜兴埠、大毕庄、万新村、双港等也已经或正在成为中心市区的一部分。建成区向外迅速扩张的原因之一是越来越多的城市住宅建到了城市边缘，而城市旧区则大量被拆迁。八十年代后，随着近郊区建起一处处大型住宅区，市区人口被大量吸引过来。到九十年代，这种中心区人口的外迁现象更是有增无减，由于交通条件改善和人们对更宽敞住宅的需求增强，住宅建设速度加快，住宅区与市中心的平均距离也越来越远。

由于户籍登记的原因，这些外迁的人口有些实际已经居住在郊区的地域内，但户籍可能还算在市中心区。2000年四个原郊区的户籍人口只有131.6万，而常住人口则为177.4万。常住人口比户籍人口多出的人口中可能有相当部分属于上面所说的"人户分离"（居住地与户籍地分离）的情况。另一方面，近郊的大量人口实际已在中心市区建成区生活，是实际的城市人口，但按户籍登记仍属于郊区人口。这些情况表明，八十年代后天津城市人口已不能仅用市中心区人口来衡量，市中心区人口与郊区人口的界限正变得越来越模糊。

市区人口外迁现象也改变了市内六区人口的分布。历史上，天津城市人口主要集中在老城厢地区。民国时期，河北"新市区"逐步形成，人口增长较多。二十世纪二十年代后，南市地区和英、法、日租界的人口增长很快，成为新的人口聚集区。按解放后的行政区划，原英、法、日租界和南市地区属于和平区，天津旧城城内和东门外地区属于南开区，城北及西南角属于红桥区，原河北"新市区"和意、奥租界地归河北区，这四个区在解放初期人口较多，1953年人口普查时基本

历次人口普查的天津市人口

单位：万人

		1953年	1964年	1982年	1990年	2000年
全市		455.5	624.9	776.4	878.5	1000.8
市内六区	合计	214.0	300.5	315.2	366.5	390.3
	和平区	41.5	54.1	52.0	49.1	32.2
	河东区	26.8	42.3	47.7	62.4	73.2
	河西区	28.3	43.9	50.1	66.0	79.1
	南开区	39.8	50.9	54.9	70.6	87.2
	河北区	38.5	55.0	57.5	61.0	64.6
	红桥区	39.2	54.3	53.0	57.4	53.9
滨海区		26.5	46.7	79.1	91.9	113.9
郊区		49.6	81.3	119.9	127.1	177.4
县		165.4	196.4	262.2	293.0	319.2

都在40万人左右（参见上表），其他两个区（河东区和河西区）面积最大，但人口相对较少，1953年时都不到30万人。和平区人口最多，有41.5万，而面积却是六个区中最小的，成为天津人口密度最高的地区，平均每平方公里有人口4万多人。到1964年人口普查时，市内六区人口都有显著的增长，其中河东、河西两区增幅都超过了五成。河北区人口超过了和

平区，成为市内六区中人口最多的。从1964年普查到1982年普查，六区人口总量增长不多，其中和平区和红桥区还略有减少，其他四区人口虽继续增长，但增量都很有限。总的来说，从天津解放到1982年，市内六区的人口分布格局没有发生根本性的变化，解放初人口多的地区1982年时依然较多，而原来人口少的区也依然较少。

八十年代后情况则完全改变。从1982年普查到2000年普查期间，人口增长快的区是南开、河西、河东三个区，增幅都在50%以上；河北、红桥两个区人口只是略有增长，红桥区在九十年代已开始下降；人口减少最快的是和平区，1982年至今人口已减少了20万，其中绝大部分是在九十年代减少的。从五十年代以来，河西、河东两区人口持续保持高增长，人口增长了近两倍，南开区也始终维持增长势头，半个世纪里人口翻了一番，2000年已成为六区中人口最多的区。相比之下，河北、红桥两区人口的增幅就小得多，1964年以后红桥区的人口增长几乎停滞，河北区也非常缓慢。和平区的人口也是从六十年代开始减少的，九十年代因大规模开展旧城改造，人口外迁加剧，致使2000年的人口比建国初期还少了1/5，由过去人口最多的区一下子变成了人口最少的区。

各区人口数量的大起大落变化，与旧城改造和新住宅区开发有直接的关系。和平区涉及旧城改造的人口多，但本区内缺乏建设新住宅区的用地，人口只能外迁。其他五个区都与郊区接壤，有把市区向外扩展的条件，但最终人口选择了向河东、河西、南开迁移，而没有更多地向红桥和河北迁移，这显然是受到了政府制定的城市发展规划的引导。该规划强调天津城市沿海河发展，形成以海河为轴线、以中心市区和滨海新区为两极的城市布局，俗称"一条扁担挑两头"。人口向东南方向迁移符合城市发展规划指明的方向，这也说明市内人口的迁移是受城市发展规划制约的。河东、河西、南开三个区向南发展的空间大，天津解放后新建的市区大部分落在这三个区中。这种趋势在二十一世纪初还会继续，相应地，这三个区的人口在今后一段时间内也还会保持增长趋势。

滨海区在八十年代后也加速发展。市政府制定了城市工业东移的发展战略，把滨海区作为城市经济新的增长点，先后建立了天津经济技术开发区、天津港保税区。1994年天津市第十二届人代会第二次会议通过"用十年左右时间基本建成天津滨海新区"的决议，滨海区的发展再次提速。一批国家或天津市的重点建设项目落户在滨海区，带动了滨海区经济的发展。天津城市功能部分向滨海区转移，中心区与滨海区作为天津城市发展的两极，联系越来越紧密。这种联系在两地的人口方面也会有所反映。大量市区人口到滨海区工作，其中有些人是通勤上班，有些人是生活居住在滨海，但户籍在市内六区。与我们先前在郊区看到的情况相似，近年来滨海区也存在着常住人口远多于户籍人口的现象，如2000年的常住人口为113.9万，而户籍人口只有96.4万，相差17.5万。八十年代以来，按常住人口计算，滨海区人口增长了四成多，高于市中心区人口的增长速度。

八十年代后天津城市人口增长的另一种现象是流动人口规模扩大。由于流动人口难以统计，有关资料比较欠缺。1995年8月，天津市进行了一次比较全面的流动人口调查，调查对象是在天津市没有正式户口但进入市域范围暂住或暂停留三日以上的外地人口。结果发现全市流动人口约120万人，其中在本市已居住半年以上或离开本人户口所在地（外省、市、自治区）半年以上的有57万多人。约50万人属于来津务工经商者。

3．人口素质的全面提高

新中国成立以来天津人口在数量增长的同时，人口素质也全面提高。由于公共卫生和医疗保健事业的进步，解放前困扰人民健康状况和寿命的各种传染病逐步得到控制。五十年代，天津市消灭了鼠疫和性病，霍乱也基本上控制住了，麻疹、流脑、乙型脑炎、伤寒、猩红热等急性传染病的发病率都有不同程度的下降。肺结核是那时天津居民第一位的死因。1952年全市死亡人口中约1/5是因肺结核死亡的。直到七十年代末结核病在死因排序中都在前五位之列，但因结核病死亡的人数占总死亡人数的比重已大幅度下降。到八十年代后结核病就不在前五位死因之列了。肺炎在八十年代以前也是天津比较常见的死因，八十年代后得到较好控制。从七十年代起，威胁天津居民生命的最主要疾病是脑血管病、心脏病和恶性肿瘤，因这三种疾病死亡的人数占总死亡人数的比重一般在70%左右。解放初期，婴儿死亡率很高，早产、新生儿破伤风是主要的致死原因。随着妇幼保健事业的进步，这方面的死亡已经很少了。2000年天津市7岁以下儿童保健管理率和孕妇保健覆盖率分别已达到88.8%和96.7%。天津的人口死亡率在六十年代已降到7‰以下，此后除1976年受唐山大地震影响短暂升高外，基本保持在比较低的水平。

平均预期寿命的延长是人口素质提高的重要表现。解放前，主要由于各种传染病发病率高，天津人口的平均预期寿命很低，推算不会超过 40 岁。建国后，随着社会经济的全面发展，人民生活质量和医疗卫生水平的迅猛提高，人口的平均预期寿命直线上升，1952 年大约在 45 岁，1957 年迅速提高到 61 岁，1979 年跨上 70 岁台阶。此后，虽变化趋缓，但依然保持上升势头。1995 年，全市人口的平均预期寿命达到 74.26 岁，男性为 72.92 岁，女性为 75.74 岁，已接近发达国家的平均水平。

上述成就的取得与医疗卫生事业的发展是分不开的。1949 年天津全市医疗卫生机构只有 127 个，而到 2000 年末已有 2983 个，其中医院 488 个，卫生防疫防治机构 25 个，妇幼卫生机构 18 个，专业卫生技术人员共 6.5 万人。从五十年代初开始，政府逐步建立起公费医疗制度和劳动保险制度，并在农村地区推行合作医疗，这些措施保障了广大群众获得医疗保健服务的权利和能力，对提高人口健康素质做出了积极贡献。九十年代以来天津市在中央政府的统一安排下，对医疗卫生制度进行改革，建立新的医疗保险制度，强化社区卫生工作，以求为居民提供更优质、更有效的健康服务。

人口的受教育状况也发生了根本改变。解放初期，天津人口的文盲率很高，1950 年市区人口中识字者只占三分之一，文盲占三分之二。即使是有文化的人，一般受教育的年数也很少，初中生就算高学历了，上过大学的人可谓凤毛麟角。在那以后，由于学校教育的发展，加上政府开展了一系列扫盲运动，天津文盲人口的比重迅速下降。1964年人口普查时，天津有文化的人口占到了总人口的49.5%，文盲人口占另一半，其中市中心区的文盲人口比重已低于40%。到1982年第三次人口普查时，全市总人口中的文盲率③已降至25%，市中心区降至17%。以后两次普查时，文盲率继续稳步下降，2000年文盲人口占总人口的比重为10.5%。这部分人口中很多属于学龄前儿童，他们严格说来不应算为文盲人口。如果只对15岁及其以上人口统计，2000年文盲人口约为49万，占5.9%。

不仅文盲人口数量减少，比重下降，有文化人口受教育程度也不断提高。1964年有文化的人口中70%属于小学文化程度，到1982年这个比例下降到41%，初中文化程度的人口占到有文化人口的38%。到九十年代随着九年制义务教育的基本实现，人口的受教育程度进一步提高。1990年，高中及高中以上文化程度的人口占总人口的20%，超过全部有文化人口的四分之一。2000年，高中及高中以上文化程度的人口占总人口的比重升至30%，具有初中文化程度的人口数量超过了小学文化程度的人口，表明人口的平均受教育年限进一步提高了。值得指出的是，这一年具有大学专科及以上文化程度的人口达到90万，比1990年增加一倍还多，预示着高等教育的普及向前迈进了一大步。

建国以来，天津的教育事业发展很快，各级各类学校数量、在校学生数、毕业生数等都有成倍的增长。1949年天津高等学校有10所，但在校生只有4800人，2000年高等学校为21所，在校生达到了11.8万人。学生人数的增长远比学校数量的增长快。中小学也一样，1949年各类中等和初等学校有2300所，2000年为3329所，在校学生总数1949年接近32万，2000年则超过了150万。1949年各级各类学生占总人口的比重为8%，2000年已接近18%。正是正规学校教育的迅速发展，改变着天津城市人口的受教育状况。每一代人都比上一代受到更好的教育，新的文盲人口越来越少，直至完全消失，这样通过代际更替，人口的文化素质不断提高。从学生人数在各个年级的分布情况来看，自五十年代以来，天津学校教育的重心有逐步上移的趋势，学生人数规模大的年级从小学上移到初中，九十年代后又上移到高中。可以预料在不久的将来，具有高中及以上文化程度的人口将成为天津人口的主体，受过高等教育的人口比重会迅速提高。高素质的人口将为天津在二十一世纪的发展提供强大的动力。

注：

①根据《第五次全国人口普查办法》的规定，人口普查按常住人口原则进行登记。常住人口包括：①户籍在本市且现居住本市的人；②户籍在外省市，现在本市居住，且离开户籍登记地半年以上的人；③在本市居住的户口待定人口；④户籍在本市，现在国外工作、学习和居住的人员。

②武清县和宝坻县分别于2000年和2001年撤县建区。

③一般计算文盲率时，不包括学龄前儿童。此处由于难以取得不同年份按统一的起始年龄计算的文盲率资料，为便于比较，就以总人口来计算。